Aufgaben der Gesetzgebung

im Gebiete der

Feuerversicherung.

Von

Dr. jur. Julius Hopf,
Bevollmächtigtem der Feuerversicherungsbank für Deutschland zu Gotha.

Berlin.
Druck und Verlag von G. Reimer.
1880.

Inhaltsübersicht.

1. Vorbemerkungen.

Die Forderung, für das deutsche Versicherungswesen die äußere Grundlage eines einheitlichen Rechts zu schaffen, reicht zurück in eine Zeit, in welcher die politische Verfassung unseres Gesammtvaterlandes noch einer gesetzgebenden Gewalt entbehrte und die Aussicht, den Bundestag oder auch nur eine Mehrzahl von Einzelregierungen für einen derartigen Gedanken zu erwärmen, von vornherein außer dem Bereich aller Wahrscheinlichkeit lag. War doch schon bei Abfassung des deutschen Handelsgesetzbuchs die Einbeziehung des materiellen Versicherungsrechts — mit Ausnahme der Seeversicherung — gescheitert. Noch weit entschiedenerem Widerspruch aber würde unter den damaligen Zuständen unzweifelhaft der Versuch begegnet sein, auch die gewerbe- oder verwaltungsrechtliche Seite des Gegenstandes durch ein gemeinsames Gesetzeswerk zu regeln. Wenn bei solcher Ungunst der Verhältnisse gleichwohl die auf jenes Ziel gerichteten Wünsche zu Anfang der sechziger Jahre sich in praktische Bestrebungen umsetzten, so durfte daraus allein schon auf ein reales und weiteren Kreisen in's Bewußtsein getretenes Bedürfniß geschlossen werden. Denselben Schluß gestattete der Charakter der Organe, welche damals die bezüglichen Forderungen zu öffentlichem Ausdruck brachten. Es waren dies insbesondere der Deutsche Juristentag (1862), der Deutsche Handelstag (1865) und der Volkswirthschaftliche Congreß (1861 und 1865), Körperschaften, deren Zusammensetzung und convergirende Thätigkeit in dieser Frage doch wohl den Gedanken einer Verfolgung einseitiger Interessen ausschloß.

In der That liegt ja der stärkste Hinweis auf eine gleichheitliche Gestaltung der äußeren Rechtsbeziehungen in dem Wesen und der inneren Structur des Versicherungsunternehmens an sich. Der eigentliche Gedanke des letzteren besteht in der Uebertragung gewisser

Einzelgefahren auf eine größere Gesammtheit. Je ansehnlicher diese, um so sicherer und regelmäßiger vollzieht sich die Ausgleichung der eintretenden Verluste. Nach ihrer eigensten Natur ist mithin die Assecuranz auf den Großbetrieb angewiesen. Dieser aber bedingt bei ihren wichtigsten Zweigen wiederum die räumliche Ausdehnung über ein weites Gebiet. Dem entspricht denn auch die thatsächliche Entwickelung des deutschen Versicherungswesens. Blicken wir nur auf die beiden hauptsächlichen Typen, Lebens- und Feuerversicherung, so haben hier die größten und leistungsfähigsten Privatunternehmungen von jeher die territorialen Gränzen überschritten. Ja die ältesten unter ihnen sind überhaupt die ersten über ganz Deutschland ausgebreiteten wirthschaftlichen Schöpfungen gewesen, welche in den beiden auf die napoleonischen Kriege folgenden Jahrzehnten der wiedererwachende Unternehmungsgeist der Nation in's Leben rief, lange bevor Zollverein und Eisenbahnen die alten Verkehrsschranken zwischen den einzelnen Staatsgebieten niederlegten.

Der freien und ersprießlichen Function eines so gearteten Wirthschaftszweigs mußte die Verschiedenheit des Rechts vielfach lästig und hinderlich werden. In noch höherem Maße wurde es die Ungunst mancher Landesgesetzgebungen, ja die völlige Rechtlosigkeit, welche einzelne derselben darboten. Unmittelbar und am schwersten lastete dieser Zustand natürlich auf den Anstalten, welche sich in Erfüllung ihrer Aufgaben und Erweiterung ihrer Wirksamkeit auf Schritt und Tritt gehemmt fanden. Aber auch das die Versicherung suchende Publikum erkannte die bestehenden Erschwerungen und empfand mit jenen das Bedürfniß nach deren Beseitigung. Das Verhältniß zwischen beiden Theilen war vor zwei Jahrzehnten überhaupt noch ein freundlicheres und vertrauensvolleres als es heutzutage wenigstens theilweise der Fall ist. Die Neigung, Schattenseiten der Dinge um Vieles lebhafter zu empfinden als ihre oft weit überwiegenden nützlichen und wohlthätigen Wirkungen, die maßlose Uebertreibung vereinzelter Mängel und Vorkommnisse, darauf gegründete schwere Anklagen gegen ganze Lebensgebiete und der Ruf nach den gewaltsamsten Mitteln der Abhülfe bilden ja hervorstechende Züge der misvergnügten Gegenwart. Unter dieser allgemeinen Zeitstimmung leidend, wenn auch selber nicht ohne jegliche Mitschuld, ist das Versicherungswesen in der öffentlichen Discussion heute vielfach ein Gegenstand des Angriffs geworden, während es sich um jene Zeit von ihrer sympathischen Theilnahme begleitet und gefördert sah. Es waltete damals noch das Bewußtsein der großen und unentbehrlichen Dienste vor, welche dasselbe der Erhaltung und Mehrung des Volkswohlstandes leistet. So war es namentlich der Handels- und Gewerbestand, welcher die freie Bewegung desselben als seinen eigenen Interessen dienend ansah, und die Forderung, ihm unter Beseitigung unnöthiger und schädlicher Hemmnisse zu einem vernünftigen und einheitlichen Rechtsstand zu verhelfen, aus freiem Antrieb kräftig unterstützte.

Diese weitverbreiteten Anschauungen und Bestrebungen hatten unzweifelhaft ihren vorbereitenden Antheil an der Aufnahme des Versicherungswesens unter die der Sammtgesetzgebung und -Aufsicht unterliegenden Gegenstände in der Verfassung des Norddeutschen Bundes. Der von so durchaus praktischen Gedanken geleitete Gesetzgeber, welcher die Verschmelzung des vom Bunde umfaßten Volkskörpers zur vollen wirthschaftlichen Einheit zum Ziele nahm, konnte in der That dieses Feld nicht übersehen. Der Deutsche Handelstag, der sich 1868 auf's Neue mit der Versicherungsfrage beschäftigte, charakterisirte es treffend in seiner Resolution, wie mit jener Verfassungsbestimmung „Regierung und Volksvertretungen übereinstimmend anerkannt, daß die Forderung einer einheitlichen Gesetzgebung auf diesem Gebiete zu den berechtigten und wohlbegründeten Wünschen der Nation gehöre“. Dieselbe Aeußerung bezeichnete zugleich die Durchführung der Reform als „eine der dringendsten Aufgaben der gemeinsamen nationalen Wirthschaftspflege“, und forderte dieselbe nicht bloß für den Norddeutschen Bund, sondern auf Grund spezieller Verständigung mit den süddeutschen Regierungen von vorn herein für das ganze Zollvereinsgebiet. Für die Erfüllung des letzteren Wunsches hat inzwischen die Verfassung des Deutschen Reichs den gesetzlichen Boden geschaffen, welche die das Versicherungswesen betreffende Competenzbestimmung unverändert vom Norddeutschen Bunde übernahm und nur durch das auf dem Versailler Protokoll beruhende bayrische Reservat bezüglich der Immobiliarversicherung eine Beschränkung erfährt. Während aber diese älteren Verfassungsvorschriften die Assecuranz nur in Beziehung auf ihren Betrieb und im Zusammenhang damit allenfalls noch von der gesellschaftsrechtlichen Seite im Auge hatten, unterstellte ferner der Verfassungszusatz von 1873 mit dem gesammten bürgerlichen Recht auch den Versicherungsvertrag der Gesetzgebung von Reichswegen.

So waren denn der Schaffung eines einheitlichen deutschen Versicherungsrechts im weitesten Umfange der Aufgabe seit geraumer

Zeit die Wege geebnet. Der einzige in das Gebiet einschlagende Punkt aber, über welchen die Reichsgesetzgebung bis jetzt verfügt hat, ist — von dem im Handelsgesetzbuch geordneten Rechte der Handelsgesellschaften abgesehen — die gewerberechtliche Stellung der Feuerversicherungsagenten. Im Uebrigen sind die Verfassungsbestimmungen bezüglich des Versicherungswesens bis auf diesen Tag ein todter Buchstabe geblieben. Die rein civilistische Seite, das Contractrecht, kann selbstverständlich auch nur im Zusammenhang mit dem gesammten Obligationenrecht Erledigung finden und wird es unzweifelhaft in dem in Ausarbeitung begriffenen bürgerlichen Gesetzbuch. Die Regelung des Verwaltungsrechts dagegen ist nach einem frühen Anlauf bald ins Stocken gerathen. Gestützt auf den zwar nicht unanfechtbaren, indeß thatsächlich angenommenen Grundsatz, daß auch auf den Gebieten der Reichsgesetzgebung die Landeslegislatur in Wirksamkeit bleiben könne so lange und soweit jene nicht in Action trete, hatte die Preußische Regierung noch im Jahre 1869 ihrem Landtage die Entwürfe einer partikularen Versicherungsgesetzgebung vorgelegt. Gegen dieses Vorgehen erhob sich die allgemeine Stimme und brachte dasselbe alsbald zum Stillstand. Ungefähr gleichzeitig hatte sich nun auch der Bundesrath auf Antrag Coburg-Gotha's der Sache angenommen und faßte die einleitenden Beschlüsse um dieselbe auf dem allein berufenen Wege der Bundesgesetzgebung der Erledigung entgegenzuführen. Bei den Vorarbeiten, welche das Bundes- resp. Reichskanzleramt in Angriff nahm, wurde dasselbe aus Fachkreisen durch eine Reihe von Ausarbeitungen unterstützt, an welchen die hervorragendsten Techniker und Autoritäten der Assecuranzwissenschaft Theil hatten. Jahr um Jahr verging indeß, ohne daß die erwartete Gesetzesvorlage an den Bundesrath beziehungsweise Reichstag sich verwirklichte. Zwar verlautete wiederholt von Fertigstellung der Entwürfe; Authentisches über dieselben ist jedoch nie in die Oeffentlichkeit gelangt. Im Jahre 1875 beschäftigte sich der Volkswirthschaftliche Congreß noch einmal mit dem Gegenstande, legte in einer Resolution die leitenden Gesichtspunkte für eine deutsche Versicherungsgesetzgebung nieder und erneuerte die dringende Aufforderung an die Reichsregierung zum endlichen Abschluß der Sache. Seit dieser Zeit hat letztere indeß, ungeachtet mehrfacher parlamentarischer Anregungen, amtlich mehrere Jahre hindurch ganz geruht. Große gesetzgeberische Aufgaben anderer Art nahmen, wie bekannt, Regierung und Volksvertretung in Anspruch, und das Versicherungswesen mußte abermals seine wohlberechtigten Hoffnungen vertagen und sich darein finden, daß seine Acten auf unbestimmte Zeit reponirt wurden.

An den eben geschilderten Verlauf hat sich nun nicht bloß eine Verlängerung des status quo, sondern in gewissem Umfange eine Wiederbelebung der Partikulargesetzgebung geknüpft. Von dem Gehalt dieser letzteren hier zunächst abgesehen, kann die Thatsache an sich nur beklagt werden. Betrachtet man dieselbe aus dem rein politischen Gesichtspunkt, so kann es dem Ansehen und der inneren Festigung des Reichsgedankens nicht förderlich sein, wenn das Reich angesichts eines wirklichen Bedürfnisses seine gesetzgeberische Fürsorge auf einem Felde, das ihm gehört, schuldig bleibt. Der Schade beschränkt sich aber keineswegs auf dieses ideale Gebiet. Denn die landesgesetzlichen Neuerungen haben nicht etwa bloß die Abhülfe einzelner dringend empfundener Uebelstände zum Gegenstande, sondern zum Theil umfassende und tief in die obersten Prinzipienfragen eingreifende Neugestaltungen. Es liegt in der Natur der Dinge, daß ein derartiges Vorgehen, wie es auf der einen Seite im Grunde den Unglauben an den Willen oder die Fähigkeit des Reichs zur Erfüllung seiner verfassungsmäßigen Aufgabe zur Voraussetzung hat, so auf der andren neue Elemente des Widerstrebens gegen eine künftige Reichsgesetzgebung und dieser erhöhte Schwierigkeiten schafft.

Als ein wahrhaft erlösendes Wort ist unter solchen Umständen, und nicht etwa bloß unter den Nächstbetheiligten, sondern in allen Kreisen denen die volle Durchbildung unserer wirthschaftlichen Gesetzgebung im Rahmen der Reichsverfassung am Herzen liegt, das Schreiben des Reichskanzlers vom 4. August 1879 begrüßt worden. Indem es zunächst in Form einer Umfrage bei den verbündeten Regierungen den Gegenstand wieder auf die Tagesordnung setzte, hat es den zehnjährigen Bann gelöst. Allgemein hat man daran, ungeachtet der zurückhaltenden Fassung, die Annahme geknüpft, daß die Reichsregierung nunmehr entschlossen sei Hand an's Werk zu legen. Wie die Aeußerungen der einzelnen Regierungen ausgefallen sind, ist uns nicht bekannt. Daß man an dieser Stelle die Inangriffnahme von Reichswegen nicht überall willkommen heißt, darf als wahrscheinlich gelten. Es herrschen dort hinsichtlich der Behandlung des Versicherungswesens von jeher verschiedene und zum Theil die engherzigsten Anschauungen. Der schöpferische Drang und die Originalität der Sondergesetzgebung haben sich daran bis auf die neueste

Zeit mit Vorliebe versucht und einer reichen Mannichfaltigkeit von Gebilden das Dasein geschenkt. Der dem Bestehenden innewohnende Erhaltungstrieb kommt um so nachdrücklicher zur Wirkung, als auf dem Gebiete der Feuerversicherung eine Reihe staatlicher und communaler Institute vorhanden sind, in deren sorgsam ausgebildete und gepflegte Eigenthümlichkeiten man unerwünschten Eingriff fürchtet. Gleichwohl scheint es kaum denkbar, daß man sich von Seiten der Einzelregierungen der Mitwirkung ernstlich versagen sollte, sobald das Reich den entschiedenen Willen bekundet, die Verheißung der Verfassung zur Ausführung zu bringen. An der Stelle aber, bei welcher die Initiative ruht, wird man, wie gewiß vorausgesetzt werden darf, die Bedürfnißfrage nicht ausschließlich an der Abneigung oder Gleichgültigkeit der einen oder anderen Territorialregierung wägen, sondern auch den Stimmen der eigentlichen Interessenten, d. h. einerseits der Assecuranzunternehmungen andrerseits der Versicherungsnehmer, Gehör schenken. Von diesen Kreisen aus ist nun, in Fachschriften wie in der politischen Presse, ferner durch einzelne vermöge ihrer Organisation dazu befähigte und berufene wirthschaftliche Gruppen im Volke, die Angelegenheit von Neuem auf das Lebhafteste aufgegriffen worden*). Die Anstalten erwarten von der Gesetzgebung des Reiches vor Allem gleichen und gesicherten Rechtsstand und das unerläßliche Maß freier Bewegung; das Publikum denjenigen Schutz seiner bei der Versicherung engagirten Interessen, welchen das Gesetz, im öffentlichen wie im bürgerlichen Recht, überhaupt zu gewährleisten vermag. Die laut gewordenen Ansichten und Wünsche gehen freilich, entsprechend den oben schon berührten veränderten Beziehungen zwischen beiden Theilen, vielfältig auseinander und bedürfen noch in erheblichem Maße der Klärung und Vermittelung. Aber die eingetretene Bewegung bezeugt doch unverkennbar das weitverbreitete und dringende Verlangen nach einer endlichen Lösung der Frage.

Wir unternehmen es, durch die folgenden Ausführungen auch unsrerseits einen, wennschon nur fragmentarischen Beitrag zur Sache zu liefern. Leitet uns bei der Beschränkung auf die Feuerversicherung zunächst die persönliche Rücksicht, ein uns durch unmittelbare Erfahrung vertrautes Terrain nicht zu überschreiten, so läßt

*) S. u. A. den Aufsatz: „Die reichsgesetzliche Regelung des Versicherungswesens" in Hirth's „Annalen des Deutschen Reichs", Jahrg. 1880, S. 138; ferner „Vereinsblatt für deutsches Versicherungswesen", 1879 Nr. 11 u. 12 und 1880 Nr. 1 u. ff.

sich jene Beschränkung, wie wir glauben, doch auch sachlich vertreten. Der Gesammtbereich der Assecuranz ist ein so weitverzweigter und vielgestaltiger, daß Arbeitstheilung innerhalb seiner von jeher Platz gegriffen hat und der Spezialität ihre Berechtigung verleiht. Die gemeinsamen Prinzipienfragen gelangen ferner erst bei der Prüfung an den Besonderheiten der einzelnen Gattung zu richtiger Schätzung. Sodann kann die Feuerversicherung ja als das Prototyp der sogen. Sachversicherung angesehen werden, welcher die mannichfachen an das menschliche Leben anknüpfenden Versicherungsformen als andre, nach Zweck und Anlage durchaus verschiedene Hauptgruppe gegenüberstehen. Jene bietet aber auch in sich wieder der Gesetzgebung einige eigenthümliche Probleme. In einer besondren Complication von Gegensätzen stehen sich hier namentlich nicht bloß das genossenschaftliche und das Actienprinzip gegenüber, sondern auch die öffentliche und die privatwirthschaftliche Betriebsform. Dieser letztere Gegensatz hat sich seit längerer Zeit mit wachsender Schärfe entwickelt. Wer den Verhältnissen nahe steht wird sich darüber nicht täuschen, daß hieraus einer umfassenden Versicherungsgesetzgebung die eigentlich praktischen Schwierigkeiten zu erwachsen drohen, wogegen die theoretischen, überwiegend dem Felde der Lebensversicherung angehörigen, weit zurücktreten. Zu den Fragen die sich dort erheben, müssen selbstverständlich auch wir klare Stellung nehmen und werden es ohne Rückhalt thun; denn auch der Gesetzgeber kann es u. E. schlechterdings nicht umgehen, hierfür einen gerechten und befriedigenden Austrag zu suchen.

Der Feuerversicherungsvertrag bleibt naturgemäß von der Erörterung an dieser Stelle ausgeschlossen. Zwar liegt nach unserer Ueberzeugung die Abhülfe einzelner berechtigter Beschwerden der Versicherungsnehmer ganz vorzugsweise auf diesem streng privatrechtlichen Gebiete. Die Ordnung derjenigen Punkte dagegen, welche von jeher allein als Gegenstand des Versicherungsgesetzes angesehen worden sind, insbesondere also der gewerblichen Seite und des Gesellschaftsrechts, soweit es sich hiermit innerlich berührt, wird durch jenes in keiner Weise bedingt oder beeinflußt. Unser Standpunkt ist im Uebrigen der des Praktikers. Grundstürzende, eine völlige Umgestaltung des ganzen Wirthschaftszweigs anstrebende Theorien sind ja neuerdings mehrfach an demselben versucht worden. Wenig Neigung und Vertrauen kann ihnen aber derjenige entgegenbringen, der in täglicher Arbeit und Beobachtung gelernt hat, in dem concreten Zustand der Dinge, bei aller Reformbedürftigkeit des Einzelnen, doch im Großen und Ganzen das Ergebniß einer Entwickelung zu erblicken, deren natürliche Ausgangspunkte und bewegende Kräfte sich überhaupt nicht willkürlich verrücken lassen. Wir bescheiden daher unsere Aufgabe in der Darstellung der Bedürfnisse, wie sie das Leben wirklich zur Empfindung bringt, und richten innerhalb dieses Kreises unseren Anspruch an den Gesetzgeber auf nichts Weiterliegendes, als was bei billiger Abwägung aller sich kreuzenden Interessen geboten und erreichbar scheint. Des Neuen, was nicht früher da oder dort schon ausgesprochen worden wäre, werden unsere Vorschläge wenig enthalten; der Gegenstand ist von seinen Hauptseiten erschöpft und spruchreif. Auch verzichten wir auf eine eingehende Formulirung und Begründung aller Einzelnheiten, an deren manche sich überhaupt kein tiefgehendes und allgemeines Interesse knüpft. Dagegen wollen wir versuchen, die wichtigsten Punkte, welche, zum Theil lebhaft umstritten, das Bild des künftigen Rechtszustandes in seinen wesentlichen Zügen bestimmen werden, nochmals scharf in's Licht zu setzen. Unser besonderer Wunsch wäre, damit namentlich außerhalb der Kreise, die unmittelbar genöthigt sind, sich mit dieser Gesetzgebungsfrage zu beschäftigen, das Verständniß derselben zu fördern, was dringend Noth thut.

---

2. Das Bedürfniß der Rechtseinheit.

Wenn man sich anschickt, den concreten Aufgaben der Gesetzgebung für die verwaltungsrechtliche Ordnung des Versicherungswesens nachzugehen, kann man leider noch immer die Vorfrage nicht als abgethan ansehen: daß die Lösung jener Aufgaben in der That und im vollen Umfange zum Beruf der nationalen Gesetzgebung gehört und das Bedürfniß einer ausgleichenden Regelung des öffentlichen Rechts besteht. Die Frage ist freilich durch die Verfassung prinzipiell im bejahenden Sinne entschieden, das Bedürfniß auch bereits vom Bundesrathe des Norddeutschen Bundes als ein dringendes anerkannt worden; die der Assecuranz dienenden Privatunternehmungen wünschen das Reichsgesetz herbei, die öffentliche Meinung bekundet mit seltener Uebereinstimmung das gleiche Verlangen. Aber ein positives und umfassendes Eingreifen des Reiches hat gleichwohl noch seine offenen und stillen Gegner. In erster Linie gehört dahin ein Theil der öffentlichen Feuerversicherungsanstalten. Sie widersprechen zwar nicht einer nur den Privatbetrieb ordnenden Gesetzgebung, verlangen sogar eine solche in dem Sinne weitgehender Beschränkung jenes Betriebes. Dagegen behaupten sie selber ihrer Natur nach von der Reichsgesetzgebung eximirt zu sein; sie fürchten dieselbe, so lange sie nicht sicher sind, dies anerkannt zu sehen, und bestreiten deshalb überhaupt ein Bedürfniß zur einheitlichen Regelung des gesammten Versicherungswesens, indem bei ihnen Alles auf das Vortrefflichste bestellt und zu irgend welchem Eingriff keinerlei Anlaß gegeben sein soll. Die in diesen Kreisen ausgebildeten Anschauungen sind mehr oder weniger bestimmend für die Haltung einer Anzahl von Staatsregierungen. Es wurde bereits auf das neuerliche Vorgehen einiger von diesen hingewiesen. Keine derselben hat, soviel bekannt, seit der Erweiterung des Norddeutschen Bundes zum Reich im Bundesrathe die Ausführung der Verfassungsbestimmung in Anregung gebracht. Dagegen ist es angesichts der letzteren unternommen worden, im Wege der Landesgesetzgebung Dinge wie das strengste Concessionsprinzip, ein unerhörtes Maß von Ueberwachung des Privatbetriebes durch die Organe concurrirender öffentlicher Anstalten und den Versicherungszwang für Gebäude neu einzuführen. Ob solche Schritte noch mit dem Geiste der Reichsverfassung in Harmonie stehen, darf bezweifelt werden. Thatsächlich drückt sich darin ein völliges Absehen von der Reichszuständigkeit aus, mit welcher allenfalls wohl interimistisch die bessernde Fortbildung des Partikularrechts auf seiner bisherigen Grundlage vereinbar erscheinen mag, schwerlich aber fundamentale Umgestaltungen jener Art, welche den wichtigsten und schwierigsten, auf eine gemeinsame Lösung angewiesenen Fragen wiederum einseitig vorgreifen. Anderwärts tritt wenigstens die Neigung zu Tage, der ganzen Sache die Dringlichkeit abzusprechen und damit die Erledigung derselben bis auf Weiteres abzuwenden. In diesem Sinne hat sogar das Rundschreiben des Reichskanzlers die Bedürfnißfrage nochmals zur Erwägung der verbündeten Regierungen gestellt. Ein Eingehen auf dieselbe scheint hiernach auch in dem Rahmen der vorliegenden Darstellung unumgänglich. Kein Zweig der Assecuranz ist auch gerade geeigneter, die

Nothwendigkeit einer einheitlichen Gestaltung des Verwaltungsrechts zu illustriren, als die Feuerversicherung.

Vergegenwärtigen wir uns zunächst einmal Umfang und Bedeutung derselben im Volkshaushalt, worüber man außerhalb der Fachkreise sehr selten zutreffende Vorstellungen findet. Der ungenügende Stand der von den Anstalten veröffentlichten Geschäftsausweise wie der amtlichen Statistik*), hauptsächlich verschuldet durch den Mangel einheitlicher Vorschriften über die Rechnungslegung, gestattet zwar, wenn man nicht zu einer Reihe von Vorbehalten greifen will, nur sehr rund gehaltene Zahlenangaben; doch liefern dieselben immerhin ein zur allgemeinen Orientirung hinreichendes Bild. Es haben gegenwärtig in Deutschland — von den bloß der Rückversicherung dienenden Instituten und Verbänden selbstverständlich abgesehen — ihren Sitz ungefähr siebenzig öffentliche Anstalten, wohl an Dreihundert private Gegenseitigkeitsvereine und gegen dreißig Actiengesellschaften. Daneben arbeiten auf deutschem Boden noch eine Reihe von ausländischen Unternehmungen. Das deutsche Geschäft der letzteren ist ebensowenig festzustellen, wie das außerdeutsche und das im Rückversicherungswege übernommene indirecte Risiko einiger der einheimischen Privatanstalten. Rechnet man indeß Beides gegen einander auf, so wird die Annahme der Wahrheit nahe kommen, daß zur Zeit im Deutschen Reiche bewegliche und unbewegliche Werthe im Betrage von etwa 70 Milliarden Mark durch Versicherung gegen Feuersgefahr geschützt sind. Es repräsentirt diese Summe noch keineswegs das Ganze, aber doch wohl einen sehr großen Theil des der Zerstörung durch die Flammen ausgesetzten Nationalvermögens. Von dem in den Gebäuden ruhenden Kapital ist jedenfalls nur ein geringer Bruchtheil unversichert. Auch die Mobiliarversicherung ist bereits weit in die mittleren Volksschichten eingedrungen und weist nur in den unteren Klassen noch große Lücken auf. Die bürgerliche Existenz und der Credit der Besitzenden beruhen in sehr erheblichem Maße auf dem durch die Assecuranz gebotenen Schutz gegen die gemeinste aller der irdischen Habe drohenden Gefahren. Die Leistungen, mit welchen diese Sicherheit alljährlich erkauft wird, schätzen wir gegenwärtig auf 120—130 Millionen Mark. Man sieht also, es

*) Die vollständigsten, wenn auch sachlich nicht einwandsfreien und stark von den Gesichtspunkten des öffentlichen Betriebs beeinflußten Mittheilungen bringt die Zeitschrift des Kgl. Preuß. Statistischen Büreaus; zuletzt Jahrg. 1880, S. 189ff. für die Jahre 1877—78.

handelt sich um eine wirthschaftliche Einrichtung von großen Dimensionen und tief eingreifender Bedeutung, welche schon hiernach der ernstesten Beachtung und Pflege von Seiten des Gesetzgebers werth ist.

Weiter tritt uns ein buntes Bild der mannichfaltigsten Gestaltungen entgegen, wenn wir die dem Zwecke dienenden Organismen nach ihrer Anlage und Function etwas näher betrachten. Unter den sogenannten öffentlichen Anstalten finden wir reine Staatsinstitute, andre von provinziellem Charakter und Umfang und zum Theil wieder mit ständischen Scheidungen, einige auch für einzelne Communen. Der Regel nach beschränkt sich ihr Wirkungskreis auf die räumlichen Gränzen der politischen Gemeinschaft, für deren Bereich sie in's Leben gerufen sind und von welcher sie verwaltet werden; doch haben einige Provinzialinstitute diese Gränze überschritten, ja es fehlt sogar nicht das Zwittergebilde einer Staatsanstalt, welche ihren Betrieb auf benachbarte Territorien ausdehnt und dort in der Stellung eines Privatunternehmens Erweiterung ihrer Geschäfte sucht. Die eigentliche und ursprüngliche Bestimmung aller ist die Gebäudeversicherung. Die meisten Staats- und auch einige Communalanstalten besitzen dafür noch jetzt ein ausschließendes Zwangsrecht. Erst in neuerer Zeit haben eine Reihe provinzieller sowie eines der Staatsinstitute auch die Mobiliarversicherung aufgenommen. Von den Privatgegenseitigkeitsvereinen betreibt ein Theil nur Gebäude-, ein andrer nur Mobiliarversicherung, ein dritter Beides. Unter ihnen allen hat nur die Gothaer Bank sich über die Gesammtheit der deutschen Lande ausgebreitet und gehört zu den wirklichen Großunternehmungen. Daneben stehen einige Anstalten mittleren Umfangs; die große Mehrzahl stellt Individualitäten des kleinsten Maßstabes dar, welche nur einem beschränkten Orts- oder Personenkreis dienen. Die Actiengesellschaften betreiben sämmtlich Gebäude- und Mobiliarversicherung und erstrecken mit wenigen Ausnahmen ihr Geschäft über alle Theile von Deutschland. Nach der versicherten Summe gemessen schließt diese Klasse die umfangreichsten der deutschen Feuerversicherungsinstitute ein und steht auch mit dem Ganzen ihres Versicherungsbestandes in erster, daneben die öffentlichen Anstalten in zweiter, die privaten Gegenseitigkeitsgesellschaften in letzter Reihe. Von dem zur Versicherung kommenden Gesammtrisiko trägt der Privatbetrieb die bedeutend größere Hälfte, etwa $^5/_8$ gegenüber $^3/_8$, die dem öffentlichen Betrieb zugehören. Dieser nimmt an der Mobiliarversicherung bis jetzt nur mit einem untergeordneten Prozentsatz Theil; seiner geschichtlichen Entwickelung entsprechend, liegt sein eigentlicher Besitzstand im Immobiliarrisiko. Am Ganzen des letzteren participiren dagegen auch die Privatanstalten in erheblichem Umfang und decken im ausgedehntesten Maße die Masse des beweglichen Vermögens. Wettbewerb unter beiden Gattungen von Unternehmungen findet statt: auf dem Gebiete der Mobiliarversicherung soweit die öffentlichen sich damit befassen; auf dem der Immobiliarversicherung soweit dieselbe frei ist, das ist aber in dem größeren Theil von Deutschland, namentlich fast ganz Preußen.

Aus dem Vorstehenden ergibt sich eine für den Gesetzgeber beachtenswerthe Thatsache. Suchen wir nemlich in der Mannichfaltigkeit der geschilderten Erscheinungen nach dem Schwerpunkt des deutschen Versicherungswesens, so finden wir denselben zunächst unzweifelhaft bei den privatwirthschaftlichen Betriebsformen und hier wiederum bei denjenigen Instituten, deren Wirksamkeit an keine territoriale Gränze gebunden ist. Weiter aber und in noch überwiegenderem Maße auf dem der freien Concurrenz unterstehenden Gebiete; denn der Zwangsversicherung bei öffentlichen Anstalten unterliegen nur etwa $^2/_9$ vom Ganzen der versicherten Werthe. Schon diese Verhältnisse weisen auf die Nothwendigkeit einer gemeinsamen Gesetzgebung doch wohl mit Entschiedenheit hin. Es kommen ferner die in der Einleitung angedeuteten, dem allgemeinen Wesen der Assecuranz entstammenden inneren Gründe gerade bei der Feuerversicherung mit besonderem Nachdruck zur Geltung. Neben der Bedeutung dieses Wirthschaftszweigs in sich fällt aber auch der nahe Zusammenhang desselben mit andren Materien der wirthschaftlichen Gesetzgebung in's Gewicht, welche ebenfalls zur Zuständigkeit des Reichs gehören, insbesondere dem allgemeinen Gewerbe- sowie dem Gesellschaftswesen. Die Beziehung zu letzterem anlangend, kommt die Feuerversicherung bekanntlich als Einzelgeschäft überhaupt nicht, sondern nur als collectives Unternehmen vor. Die Gestaltung des Gesellschaftsrechts, welches im Allgemeinen innerhalb der bürgerlichen Gesetzgebung stehend, doch auch von gewissen Rücksichten des Gemeinwohls und des öffentlichen Rechts beeinflußt wird, berührt daher ihre Betriebsform und Organisation auf das Unmittelbarste. Aus diesen allgemeinen Gesichtspunkten betrachtet tritt nun aber das Bedürfniß der Rechtseinheit erst in die wirksamste Beleuchtung, wenn wir den gegenwärtigen Zustand und die jüngsten Bewegungen der deutschen Landesgesetzgebung überblicken.

Bei dem Großstaate Preußen sehen wir uns schon von vorn herein genöthigt, zwischen alten und neuen Landestheilen zu unterscheiden. In den ersteren besteht nach der seit der zweiten Hälfte der dreißiger Jahre ausgebildeten Gesetzgebung sowohl für die Errichtung neuer Privatfeuerversicherungsanstalten im Inlande, als für die Zulassung auswärtiger zum inländischen Geschäftsbetriebe die Concessionspflicht. Die Bedürfnißfrage soll dabei, nach einem Erlaß aus der Zeit der Regentschaft, nicht weiter Gegenstand der Erörterung sein; außer dieser negativen Vorschrift fehlt es aber an gesetzlichen Bestimmungen über die Voraussetzungen und Bedingungen der Zulassung von Anstalten beider Art. Die Entscheidung ist in das Ermessen der Verwaltung gestellt, deren Grundsätze nach Personen und Zeitansichten, ja von Fall zu Fall wechseln können und gewechselt haben. Die Zurücknahme ertheilter Concessionen kann bei auswärtigen Instituten jederzeit und ohne Angabe von Gründen im Verwaltungswege verfügt werden; einheimischen gegenüber ist wenigstens das Verfahren nothdürftig bestimmt. Der Einzelbetrieb der Feuerversicherung ist für die Privatanstalten durch das Gesetz vom 8. Mai 1837 — ursprünglich nur auf die Versicherung des Mobiliars bezogen, bald aber auch auf die der Immobilien erstreckt — nach dem System der sogen. Präventivcontrole reglementirt. Der Abschluß jeder einzelnen Versicherung unterliegt, auf Grund eines zu dem Ende vom Agenten der Behörde einzureichenden Declarations- resp. Antragsduplicats, der polizeilichen Prüfung; ebenso die Auszahlung jeder, selbst der geringfügigigsten Brandentschädigung. Der Behörde steht eine allgemeine Inquisitionsbefugniß, namentlich Einnahme des Augenscheines beim Interessenten, sowie Einsicht der Bücher von Agenten und Versicherten zu; sie kann die Reduction zu hoch befundener Versicherungen erzwingen und ohne ihre vorherige Genehmigung darf die Urkunde über den abgeschlossenen Vertrag dem Versicherungsnehmer nicht ausgefolgt werden. Das Gesetz ordnet ferner des Näheren die Gränze der erlaubten Versicherungsnahme und Entschädigung, stellt nach gewissen äußeren Kriterien das Delict der absichtlichen oder schuldhaften Ueberversicherung (über den „gemeinen Werth") auf und unter Strafe, desgleichen andre Verstöße gegen seine Vorschriften. Völlig außerhalb dieser Gesetzgebung steht das singuläre und privilegirte Recht der altländischen öffentlichen Feuersozietäten, von den betreffenden Provinzial- und Communalverbänden individuell ausgebildet und im Verwaltungswege mit staatlicher

Sanction versehen. Zwischen den alten und den 1866 erworbenen neuen Provinzen hat eine Ausgleichung des auf die Feuerversicherung bezüglichen öffentlichen Rechts nicht stattgefunden. Vielmehr ist in letzteren das vorpreußische Landesrecht in Geltung geblieben. Daraus ergeben sich die eigenthümlichsten Zustände. So ist beispielsweise in Hannover, Hessen und Nassau die Zulassung neuer Unternehmungen ebenfalls durch Concession bedingt, in Frankfurt und den Elbherzogthümern nicht. Hier können daher neue einheimische wie fremde Anstalten ungehindert sich aufthun, ohne besondere Concession aber in den andren Landestheilen keine Geschäfte treiben. Den nach den Einverleibungen ertheilten ministeriellen Concessionen ist indeß wenigstens Wirksamkeit für den ganzen Bereich der Monarchie beigelegt worden. Auch der Geschäftsbetrieb ist in dem neuen Staatsgebiet theils frei, theils, wie in Hannover und Hessen, unterliegt er der präventiven Controle. Für die Stellung und Organisation der in den neuen Provinzen vorgefundenen öffentlichen Institute ist während des abgelaufenen Jahrzehnts im Wege der Staatsgesetzgebung theilweise eine Assimilation an die altländischen Sozietäten angebahnt worden. Weder aber hat diese Entwicklung bereits ihren Abschluß gefunden, noch hat sie sich auch nur auf homogenen Grundlagen bewegt. So ist z. B. die Frankfurter Anstalt ganz beseitigt, der Versicherungszwang in Schleswig-Holstein aufgehoben, in Hessen dagegen noch ganz neuerlich gesetzlich bestätigt worden.

Die Gesetzentwürfe des Jahres 1869 über den „Geschäftsverkehr der Versicherungsanstalten" und das „Feuerversicherungswesen" nahmen nun allerdings die gleichheitliche Ordnung des letzteren für das ganze Staatsgebiet wenigstens hinsichtlich der privaten Betriebsform in Aussicht. Sie wiesen auch in ihren materiellen Bestimmungen unbezweifelbare Fortschritte auf; das Concessionsprinzip sollte fallen, an seine Stelle Normativbestimmungen und öffentliche Registrirung treten, die Präventivcontrole aufgegeben werden. Nach andren Seiten aber weckten die Entwürfe wiederum die schwersten Bedenken. Sie enthielten höchst beengende Vorschriften für die Vermögensverwaltung; den mittleren Verwaltungsbehörden war eine mit sehr dehnbaren Befugnissen ausgestattete Aufsicht über die Geschäftsführung der Anstalten zugedacht; für den Begriff der Ueberversicherung wurde beinahe jeglicher Spielraum abgeschnitten, so daß Versicherte, Agenten und Anstalten gegen die scharfen, zum Theil confiscatorischen Strafen sich nur durch äußerstes Herabdrücken der

Versicherung sicher zu stellen vermocht hätten; die dem Betrieb ausländischer Unternehmungen geschaffenen großen Erschwerungen endlich würden auch alle nichtpreußischen deutschen Institute betroffen haben. Eine weitere Verfolgung dieser Entwürfe unterblieb, wie schon bemerkt, nachdem der Norddeutsche Bund die Sache aufgenommen, und hat seitdem in Preußen die Landesgesetzgebung bezüglich des Privatfeuerversicherungswesens correcter Weise sich jedes tieferen Eingriffs enthalten. Nur zwei Acte sind zu verzeichnen, welche anerkennenswerthe Abhülfe gerechter Beschwerden gebracht haben: durch Gesetz von 1876 wurde für Hohenzollern-Sigmaringen — welches gleich Hechingen noch sein originäres Recht besitzt — die durch letzteres bislang untersagte Versicherung der Mobilien zum vollen Werthe gestattet; und ein Gesetz von 1877 hob endlich diejenigen Bestimmungen der Sozietätsreglements auf, welche den Privatgesellschaften beziehungsweise den nicht bei den Sozietäten versicherten Personen allerlei Lasten und Beschränkungen auferlegt hatten. Wir sehen hiernach, wie weit der leitende deutsche Staat selbst in sich noch von einer einheitlichen Rechtsbildung entfernt ist. Und schauen wir hier einen Augenblick wieder über das Gebiet der Feuerversicherung hinaus auf das Allgemeine, so wiederholt sich uns ein ähnliches Bild. Ressortiren doch z. B. noch heute die verschiedenen Assecuranzzweige an oberster Stelle von drei verschiedenen Ministerien!

Bayern besitzt in seiner „Brandversicherungsanstalt für Gebäude in den Landestheilen rechts des Rheins" das größte und eines der bestangelegten und -geleiteten unter den staatlichen Instituten Deutschlands. Durch Gesetz v. J. 1875 neu geordnet, hat dieselbe das Monopol der Gebäudeversicherung, dagegen keinen allgemeinen Versicherungszwang. Ein ähnliches, jedoch selbständiges Institut besteht für die Pfalz. Das somit auf die Mobiliarversicherung beschränkte Privatassecuranzwesen ist nicht durch Gesetz, sondern zur Zeit durch Königliche Verordnung vom 11. September 1872 geregelt. Die Errichtung einheimischer wie die Zulassung fremder Anstalten ist danach an Allerhöchste, jederzeit widerrufliche und nach ihren Voraussetzungen nicht weiter definirte Concession geknüpft. Die auswärtigen Gesellschaften haben inländische Generalbevollmächtigte zu bestellen, welche allein die Versicherungsurkunden auszustellen befugt sind. In Streitfällen sind sie verpflichtet am Domizil des Generalbevollmächtigten sowohl wie des die Versicherung vermittelnden Agenten Recht zu nehmen. Bei schiedsrichterlichem Austrag unterliegen sie der Beschränkung, daß nur bayrische Staatsangehörige als Schiedsrichter bestellt werden dürfen. Außerdeutschen Instituten kann die Hinterlegung einer vom Ministerium des Innern zu bestimmenden Caution angesonnen werden. Alle Unternehmungen haben ihre jährlichen Rechnungsabschlüsse und Bilanzen dem Ministerium einzureichen, welches von ihren Büchern und Papieren Einnsicht nehmen lassen darf. Die Verordnung enthält weiter Vorschriften über die Geschäftsführung der Agenten, deren Einklang mit der zur Zeit der Emanation bereits als Reichsgesetz verkündigten Gewerbeordnung in einigen Stücken zu Zweifeln Anlaß giebt. Die Ueberversicherung (über den „wirklichen Werth") ist untersagt, eine Grenze für Präsumtion des Dolus aber nicht aufgestellt. Der Abschluß der einzelnen Versicherungen sowie die Feststellung der Brandentschädigungen unterliegt obrigkeitlicher Controle, jedoch nur einer nachfolgenden auf Grund einfacher Anzeigen. Die Agenturbücher können von den Polizeibehörden wie von den Inspectoren der Staatsanstalt eingesehen werden. Den letzteren war von Haus aus überhaupt eine fortlaufende Inspection des Privatfeuerversicherungswesens zugedacht; doch hat man sich bald von der Unausführbarkeit dieser Ueberwachungsform überzeugt und dieselbe thatsächlich eingestellt.

Auch im Königreich Sachsen besteht für die Versicherung der Gebäude die „Landes-Immobiliar-Brandversicherungsanstalt", ein mit strengem Versicherungszwang und manchen Eigenthümlichkeiten ausgestattetes, gegenwärtig durch Gesetz von 1876 mit ausnehmender Gründlichkeit bis in die kleinsten Details durchgestaltetes Staatsinstitut. Die ältere Gesetzgebung über das Mobiliar- und Privatfeuerversicherungswesen ist gleichfalls in neuerer Zeit revidirt worden und findet sich zusammengefaßt in dem Gesetz vom 28. August 1876 nebst der dazu ergangenen Ausführungsverordnung vom 20. November desselben Jahres, welch letztere namentlich — zum Theil ohne Anhalt im Gesetz — tief einschneidende und selbst dem reinen Privatrecht angehörige Vorschriften enthält. In keinem anderen deutschen Staate ist die Reglementirung des Privatbetriebs bis in seine einfachsten Lebensäußerungen mit ähnlichem Mißtrauen und gleicher Schärfe zum System erhoben. Verwaltungsrechtlich werden kleine auf Gegenseitigkeit beruhende inländische Privatunterstützungsvereine, die indeß auch an ministerielle Genehmigung gebunden sind, wesentlich leichter behandelt, als die eigentlichen Betriebsanstalten. Zur Errichtung oder Zulassung der letzteren bedarf es selbstverständlich der Concession, die das Ministerium des Inneren ertheilt; was bei Nachsuchung derselben beizubringen ist, findet sich ausführlich angeordnet, übrigens steht sie im reinen Ermessen der obersten Behörde, kann von Bestellung einer Caution abhängig gemacht werden und ist beliebig widerruflich. Auch jede Veränderung der Statuten, allgemeinen Versicherungsbedingungen, Prämientarife und Geschäftsinstructionen bedarf der ministeriellen Genehmigung. Nichtsächsische Institute müssen entweder Caution in sächsischen Werthen leisten, oder (in Ermangelung bezüglicher Staatsverträge) die Vollstreckbarkeit sächsischer Civil- und Straferkenntnisse in ihrem Heimathsstaate durch eine Erklärung der Regierung des letzteren nachweisen*). Dieselben sind ferner gehalten in Sachsen ein bestimmtes Domizil zu wählen, daselbst Recht zu leiden, sowie für ihre gesammte inländische Geschäftsführung und uneingeschränkte Vertretung einen eigenen Bevollmächtigten zu bestellen. Dieser wie sein etwaiger ständiger Stellvertreter müssen die Sächsische Staatsangehörigkeit besitzen; auch kann, abgesehen von dem Genuß der bürgerlichen Ehrenrechte, ihr „guter Ruf in Bezug auf Zuverlässigkeit und Redlichkeit" noch Gegenstand der Prüfung sein. Sie sind der Königl. Brandversicherungscommission, — welche die Staatsanstalt verwaltet und als Mittelinstanz auch eine generelle Aufsicht über das Privatversicherungswesen führt, — zu präsentiren, von ihr zu bestätigen und werden auf Beobachtung der Gesetze und Verordnungen des Landes sowie der Anordnungen zuständiger Behörden in Eid und Pflicht genommen. Die Sächsische Staatsangehörigkeit qualifizirt ausschließlich zum Schiedsrichter bei compromissarischer Schlichtung von Streitfällen. Alle Privatanstalten haben jährlich ihre Rechnungsabschlüsse nebst Vermögensnachweis, ferner spezielle Zusammenstellungen über ihr inländisches Geschäft einzureichen. Gegenstand mehr oder weniger detaillirter Bestimmungen sind: die Rechte und Pflichten der Agenten; der Inhalt der Declarationen und Versicherungsurkunden, von denen letztere auf eine Reihe von Vorschriften der Ausführungsverordnung ausdrücklich Bezug zu nehmen haben, hauptsächlich wohl um die Anstalten an die darin aufgestellten vom Gesetz nicht berührten privatrechtlichen Grundsätze zu vinculiren; weiter die Regulirung und

---

*) Letzteres wird sich jetzt doch wohl für das Gebiet des Deutschen Reiches durch die Justizgesetze erübrigen; indeß ist es noch 1876 allgemein statuirt, obwohl auch damals schon das Rechtshülfegesetz bestand.

Abwickelung der Brandschäden bis zum Inhalt der darüber zu führenden Acten, — u. A. m. Eine besondere, den Privatgesellschaften auferlegte Verpflichtung geht dahin, daß ein gewisser Prozentsatz ihrer in Sachsen laufenden Versicherungen Gegenstände unter Stroh- und Schindeldachung begreifen soll, worüber jährlicher Nachweis zu liefern ist. Auch die unmittelbare polizeiliche Controle des Geschäftsbetriebs belastet denselben mit ihren Anforderungen schwerer als irgendwo sonst: nicht allein der Versicherungsantrag, sondern die ausgefertigte Vertragsurkunde selbst ist in duplo der Verwaltungsbehörde einzureichen, welche das Original visirt und dafür ansehnliche Sporteln erhebt. Die Einmischungsbefugnisse der Behörden zur Verhütung von Ueberversicherungen (über den „Verkehrswerth") und bei Abwickelung von Schadensfällen, sowie die Strafandrohungen sind dem Geiste der ganzen Gesetzgebung entsprechend; die aufkommenden Strafgelder sind zumeist der Landesanstalt, den Ortsarmen- und Ortsfeuerlöschkassen überwiesen.

Das Königreich **Württemberg** hat für die Versicherung der Gebäude ebenfalls seine staatliche Anstalt mit Beitrittszwang. Das Mobiliarversicherungswesen steht unter dem Gesetz vom 19. Mai 1852 und den dazu erlassenen Ausführungsbestimmungen. Den Geschäftsbetrieb in- und ausländischer Anstalten finden wir auch hier wieder gebunden an eine widerrufliche Ministerialconcession, welche durch vorhandenes Bedürfniß bedingt, übrigens discretionär ist. Aenderungen von Statuten, Versicherungsbedingungen und Instructionen unterliegen nicht minder der ministeriellen Genehmigung. Auswärtige Institute haben im Lande eine Hauptagentur zur generellen Vertretung einzurichten und vor den inländischen Gerichten (eventuell württembergischen Schiedsrichtern) Recht zu nehmen, außerdeutsche auch Caution in Württembergischen Staatspapieren zu leisten. Zur allgemeinen Ueberwachung der Anstalten werden auf deren Kosten besondre Staatscommissare bestellt, welche von allen Verhandlungen und Büchern Einsicht zu nehmen befugt sind. Die specielle Controle über die Angemessenheit der Versicherungsnahme, welche den „wahren gemeinen Werth" nicht übersteigen soll, liegt in Händen der Gemeinderäthe. Denselben sind die Versicherungsanträge in doppelten Exemplaren zur Prüfung und eventuellen Bescheinigung der Unbedenklichkeit einzureichen; diese Bescheinigung verliert, auch ohne daß Veränderungen vorgehen, nach Ablauf von 10 Jahren ihre Gültigkeit, in der Zwischenzeit sollen die Gemeinderäthe alljährlich ex officio die fortdauernde Angemessenheit der bestehenden Versicherungen prüfen. Ihre Befugnisse und Obliegenheiten behufs Erhaltung oder Herstellung des Gleichgewichts zwischen Bestand und Versicherung sind ähnliche wie anderwärts; für ihre Mühwaltung werden Gebühren erhoben. Die Einsicht der von ihnen geführten Verzeichnisse ist sogar Jedermann, der ein Interesse daran glaubhaft zu machen vermag, gestattet. Alle Entschädigungsverhandlungen gehen unter Assistenz einer gemeinderäthlichen Deputation vor sich. Die Versicherungspapiere und Acten über die Schadensermittelung sind sodann dem Oberamt einzusenden und erst nach dessen Prüfung darf die Auszahlung der Vergütung erfolgen. Die für Uebertretung der Gesetzesvorschriften angedrohten Strafen tragen den Versicherungsnehmern gegenüber zum Theil einen harten confiscatorischen Charakter.

Schon die vorstehend besprochenen vier Staaten weisen eine ungemeine Mannichfaltigkeit von Vorschriften und Einrichtungen auf; immerhin handelt es sich hier doch zumeist noch um größere Verwaltungsgebiete, welche gleichem Recht unterstehen. Die wahrhaft verwirrende Buntschäckigkeit des dermaligen Rechtszustandes kommt erst zur rechten Anschauung an der Eigenart, mit welcher auch die übrigen deutschen Staaten bis auf die kleinsten politischen Gemeinwesen herab ihre bezügliche Gesetzgebung ausgestaltet haben. Ein näheres Eingehen auf diese Landesrechte würde, wie wir befürchten, den Leser ermüden; für unsren Zweck zwar äußerst lehrreich, entzieht sich doch die Fülle der Einzelbestimmungen, in denen vielfach gerade die Charakteristik liegt, zu sehr jeder übersichtlichen Darstellung. Nur eine Gruppirung nach den allgemeinsten Gesichtspunkten mag daher hier noch Platz finden.

Staatsanstalten für die Versicherung von Gebäuden finden wir in Baden, Hessen, Sachsen-Weimar, Oldenburg, Braunschweig, Sachsen-Altenburg, Sachsen-Gotha, Anhalt, Waldeck, Lippe, Lübeck und Hamburg. Gotha und Lübeck ausgenommen sind sie alle im Genuß des Versicherungszwangs. Im Uebrigen bestehen wieder zahlreiche Verschiedenheiten; nicht überall ist der Zwang auf das ganze Staatsgebiet, auf den vollen versicherbaren Werth, auf alle Gattungen von Risiken erstreckt; anderwärts ergreift er auch noch einzelne sonst zu den Mobilien gerechnete Pertinenzen; für gewisse Risiken mit höheren Gefahren gewährt die Mehrzahl der Staatsinstitute überhaupt keine Deckung. Altenburg hat den Zwang erst

1879 neu eingeführt. Für die Gothaische Anstalt wurde derselbe anläßlich ihres mit dem Jahre 1873 erfolgten Anschlusses an die Preußische Landfeuersozietät des Herzogthums Sachsen vom Jahre 1878 ab aufgehoben; ein späterer Versuch, denselben wiederherzustellen, erhielt nicht die Zustimmung des Landtags. Dagegen ist dies die schon oben erwähnte einzige Staatsanstalt, welche die Mobiliarversicherung betreibt, sowie ihre Wirksamkeit kürzlich auf mehrere Nachbarstaaten ausgedehnt hat, indem sie gleichzeitig das Geschäft eines Thüringischen Privatversicherungsvereins in Bausch und Bogen übernahm.

Der Privatbetrieb der Feuerversicherung ist in der großen Mehrzahl auch der Mittel- und Kleinstaaten, in der Regel für einheimische sowohl als auswärtige Unternehmungen und gleichmäßig für Mobiliar- wie Immobiliarversicherung (soweit letztere überhaupt frei ist), durch Concession bedingt. Zum Theil beruht dieser Zustand auf Gesetz, mehrfach auch nur auf Verordnung; ja einige Staaten üben das Concessionsprinzip thatsächlich ohne daß das geschriebene Recht des Landes darüber irgend etwas statuirt. Seit Inkrafttreten der Reichsverfassung hat insbesondere Hessen den Gegenstand durch Verordnungen geregelt, nachdem ein charakteristisches Gesetz vom 25. November 1871 lediglich die Besteuerung der Gesellschaften bestimmt und dann alles Uebrige der Festsetzung im Verwaltungswege überwiesen hatte. In Coburg-Gotha wurde 1878 dem Landtage ein auf dem schärfsten Concessionsprinzip fußender Gesetzentwurf vorgelegt, der jedoch nicht zur Verhandlung gelangte. Ertheilung, Versagung und Entziehung der Concession sind fast überall ohne nähere Bestimmung der Voraussetzungen in die Discretion der Verwaltung gestellt. Demgemäß weichen auch die in concreto den Anstalten auferlegten Bedingungen wieder vielfach von einander ab. Hie und da ist die Concession benutzt worden, um den nachsuchenden Instituten allerhand Leistungen und Abgaben aufzunöthigen, welche in den bestehenden Gesetzen nicht begründet sind. Mehrfach wird für den Fall der Concessionsentziehung den Versicherten das Recht zur sofortigen Auflösung der Verträge eingeräumt. Meist ist sodann bei jeder Aenderung der Gesellschaftsstatuten und Versicherungsbedingungen die Fortdauer der Erlaubniß zum Geschäftsbetrieb an die Einholung ausdrücklicher Genehmigung gebunden. In verschiedenen Staaten wird auswärtigen Instituten noch Caution angesonnen, sowie die Bestellung einer bevollmächtigten Hauptagentur für das betreffende

Landesgebiet erfordert. Thatsächlich frei ist der Betrieb nur in den Reichslanden, wo im Allgemeinen noch die französischen Gesetze gelten und die deutschen Anstalten ohne Unterschied alsbald nach der Einverleibung unter der einzigen Bedingung der Domizilnahme mittelst notariellen Actes zugelassen wurden; ferner — von dem Gebäudeversicherungszwang in Hamburg und einigen gesetzlichen Vorschriften für die Gebäudeversicherung in Bremen abgesehen — in den Hansestädten.

Mit dem beschränkten Rechtsgebiet, in welchem hiernach kein Concessionswesen besteht, deckt sich, unter Hinzutritt von zwei oder drei Kleinstaaten, ungefähr auch dasjenige, in welchem die Versicherungsnahme bei Privatgesellschaften im einzelnen Falle keiner speziellen obrigkeitlichen Ueberwachung unterliegt. In der Hauptsache bildet letztere, unter zahlreichen Modificationen im Einzelnen, das herrschende System. Vorwiegend ist die Controle eine präventive, d. h. die polizeiliche Genehmigung ist vor dem endgültigen Abschluß des Vertrags nachzusuchen und gibt diesem erst die volle Rechtswirksamkeit. Die äußerlichen Anforderungen reichen dabei bis in's Gebiet der Liebhaberei; beispielsweise verlangt der Magistrat einer deutschen Stadt für die ihm einzureichenden Versicherungspapiere ein bestimmtes Format und nöthigt sämmtliche Anstalten für den Verkehr mit ihm zur Herstellung besondrer Formulare. Nach einigen Landesrechten kann bei obwaltenden Bedenken gegen die Moralität des Versicherungsnehmers oder seine Sorgsamkeit im Umgang mit Feuer und Licht die Erlaubniß zur Versicherung überhaupt versagt werden. Die Aufsichtsführung finden wir hier in Händen collegialischer Behörden; dort geht sie gar durch zwei Instanzen; anderwärts ist dazu selbst die Gensdarmerie herangezogen. Auch die Auszahlung der Brandentschädigungen ist zumeist an obrigkeitliche Genehmigung gebunden. Für die Mühwaltung der in Thätigkeit tretenden Polizei- und Verwaltungsorgane werden zum Theil Gebühren in Anrechnung gebracht. Seit Begründung des Reichs ist auch das Controlwesen namentlich in Hessen durch die Verordnung von 1871 neu bestimmt worden. In Coburg-Gotha sollte dasselbe durch den bereits erwähnten Gesetzentwurf von 1878 neu eingeführt werden, welcher sich eng an die Gesetzgebung des Königreichs Sachsen anlehnte. Während aber hier die Staatsanstalt in der Gebäude-, die Privatgesellschaften in der Mobiliarversicherung ihre ausschließlichen und völlig getrennten Geschäftsgebiete haben, stehen sie in Coburg-Gotha bei beiden Branchen in freier Concurrenz. Die Uebertragung der Beaufsichtigung des Privatbetriebs an die zugleich die öffentliche Anstalt in der Stellung von Agenten vertretenden Staats- und Gemeindebehörden in Verbindung mit der intendirten Vorschrift, daß den letzteren die gesammten Versicherungspapiere der Privatgesellschaften einschließlich der ausgefertigten Policen unterbreitet werden sollten, würde mithin dem einen Concurrenten den denkbar vollständigsten Einblick in das gesammte Geschäft seiner Mitbewerber bis auf den Inhalt und die Prämiensätze des einzelnen Vertrags eröffnet haben. Wir haben hierin eines der markantesten Zeugnisse für die Bestrebungen gewisser öffentlicher Institute vor uns, welche auf völlige Auslieferung des Privatbetriebs gerichtet sind und dem, so weit ihr Einfluß reicht, die Landesgesetzgebung dienstbar machen möchten.

Betrachten wir nun noch flüchtig den dermaligen Stand des Gesellschaftsrechts, so sind — von den auf den Betrieb der Feuerversicherung in der Praxis nicht angewandten handelsrechtlichen Sozietätsformen abgesehen — nur die allgemeinen Rechtsverhältnisse der Actiengesellschaft durch das Handelsgesetzbuch und die Novelle von 1870 mit reichsgesetzlicher Kraft geregelt. Die dadurch geschaffene formale Rechtseinheit hat jedoch wieder ihre verhängnißvolle Gränze an dem bekannten Vorbehalt, wonach die Bestimmung darüber, welche Unternehmungen nach ihrem Gegenstande der staatlichen Genehmigung und Beaufsichtigung unterliegen sollen, sowie die Gestaltung dieser Staatsintervention, nach wie vor der Landesgesetzgebung anheimfällt. Die gesellschaftlichen Rechtsbeziehungen der öffentlichen Institute haben ihre Basis in den bezüglichen Landesgesetzen, Reglements und Privilegien, und sind hier zum Theil — wie namentlich bei den größeren Staatsanstalten — in ausreichender Weise bestimmt, während sie bei einem andren Theile eine klare und durchgebildete Anordnung noch recht sehr vermissen lassen. An gemeinschaftlicher Rechtsbildung gebricht es vollständig; es ist indeß auch anzuerkennen, daß ein Bedürfniß hierfür auf diesem Gebiete insoweit zurücktritt, als die Wirksamkeit der Institute auf den Kreis ihrer eigentlichen Bestimmung — das Territorium und die Gebäudeversicherung — beschränkt bleibt. Die auf dem gegenseitigen Prinzip beruhenden Privatvereine endlich entbehren noch heute so gut wie jeglicher Rechtsgrundlage. Daß das Reichsgesetz über die Erwerbs- und Wirthschaftsgenossenschaften seinem Zweck und Wortlaut nach auf Versicherungsunternehmungen keine Anwendung leiden kann, ist zweifellos, wennschon das Gegentheil in der Praxis angesprochen worden ist und der Mangel einer authentischen Declaration thatsächlich zu Verwirrungen geführt hat. Aber auch die meisten Landesgesetze lassen jene so wichtige und förderungswerthe Gesellschaftsgattung ohne ordnende und schützende Normen; oder aber, wo sich vereinzelt Vorschriften finden, wie in dem Sächsischen Gesetz über die juristischen Personen, haben sie sich dem besondren Wesen der Assecuranz wenig entsprechend erwiesen. Das statutarische Recht der einzelnen Vereine schwebt bei diesem Zustand der Dinge mehr oder weniger in der Luft. Je nach dem Rechtsgebiet, in welchem es zur Geltung gelangen soll, findet es verschiedene Anwendung und Deutung; selbst der Status der Gesellschaften ist außerhalb ihrer Heimath ein precärer. An dem Umstande, daß auf dem Felde der Feuerversicherung die Gegenseitigkeit in ihrer freien Gestalt hinter dem öffentlichen und Actienbetriebe an Ausbreitung erheblich zurückgeblieben ist, trägt jene Verwahrlosung von Seiten der Gesetzgebung und die daraus resultirende Unsicherheit des Rechts unzweifelhaft einen erheblichen Theil der Schuld. Denn es konnten diese Verhältnisse nicht anders als lähmend auf die Entwickelung einer Unternehmungsform wirken, deren eigentlichen Kern und inneren Halt gerade das persönlich-sozietäre Moment bildet.

Ziehen wir aus der vorstehenden Schilderung des dermaligen Rechtsstandes der Feuerversicherung in Deutschland das Facit, so tritt uns im Großen und Ganzen folgende Physiognomie entgegen. Einer gesicherten Rechtsgrundlage erfreut sich auf dem Boden der Landesgesetzgebung lediglich der, in der Hauptsache ja auch an die Territorien gebundene und übrigens mannichfach privilegirte öffentliche Betrieb. Der Privatbetrieb, welcher desungeachtet jenen ansehnlich überflügelt und in seinen Großunternehmungen sich über das ganze Vaterland ausgebreitet hat, befindet sich daneben in einer völlig gebundenen und geradezu erniedrigenden Lage. Vermöge des weitaus vorherrschenden Concessionsprinzips steht er mit seiner Existenz selber fast ohne jegliche Rechtsgarantie in unbedingter Abhängigkeit von der partikularen Verwaltung. Der Begriff des deutschen Auslandes setzt sich hier als gesetzliche Institution fort; Mistrauen gegen das, was außerhalb der Landesgränzen liegt, ist dabei noch vielfach lebendig; Austreibungen deutscher, aber in einem andren Gemeinwesen heimischer Anstalten aus einem Einzelstaate, früher öfters und selbst massenweise geübt, sind noch täglich und mit legalem Charakter möglich, dem Vernehmen nach auch in einzelnen Fällen angedroht. Die geschäftliche Bewegung der Privatanstalten steht fast überall unter einer höchst lästigen Controle, wie sie kein andrer Betrieb erfährt und ertragen würde. Die damit verbundenen Formalitäten sind theils unmittelbar mit Kosten verknüpft, durchweg aber legen sie den Anstalten durch die an ihre Agenten gestellten zeitraubenden und verantwortungsvollen Anforderungen beträchtliche Opfer auf. Die anspruchsreiche Vielfältigkeit der landesgesetzlichen Einrichtungen und Vorschriften durchbricht störend das Gleichmaß der Organisation und des inneren Dienstes großer Institute. Nur wer praktisch in diesen Verhältnissen steht und sich damit fortwährend abzufinden genöthigt ist, weiß in welchem Maße die unausgesetzte Beobachtung der in ihren Einzelheiten kaum zu übersehenden Partikulargesetzgebung, die stete Vorkehrung daß überall derselben nachgelebt wird, die Ausgleichung vorfallender Verstöße und Reibungen, auch die oberste Geschäftsleitung in Anspruch nimmt, von schaffender und fördernder Thätigkeit abzieht und mit tausend kleinen Sorgen und Verdrießlichkeiten ihr nur zu oft die Berufsfreudigkeit verkümmert.

In jedem geschlossenen Staatswesen wäre eine solche Lage des großen, segensvollen und in alle Volkskreise eingreifenden Wirthschaftszweigs von Haus aus undenkbar. Bei uns ragt sie als ein noch ungebrochenes Ueberbleibsel aus der Zeit mangelnder Staats- und Rechtseinheit in die Gegenwart herein. Aber sie trägt, wie man meinen sollte, das Bedürfniß endlicher Abhülfe doch zu kenntlich an der Stirn, als daß es unbefangen noch von irgend einer Seite in Abrede gestellt werden könnte. Jedenfalls ist dasselbe gerade bei der Feuerversicherung ein noch weit stärkeres, als für alle anderen Assecuranzzweige, welche wenigstens theilweise eine vollkommenere Rechtssicherheit und durchweg eine viel größere Freiheit der Bewegung genießen. Die Befreiung aus dem herrschenden Irr- und Wirrsal kann, nachdem wir einmal zum Reich und innerhalb seiner zur wirthschaftlichen Einheit zusammengewachsen sind, der Natur der Sache nach unzweifelhaft ja nur die Reichsgesetzgebung bringen, indem sie aus großen, der Sache und ihrer Bedeutung angemessenen Gesichtspunkten ein neues und einheitliches Recht schafft. Den ausdrücklichen Beruf dazu hat ihr die Verfassung auferlegt. Daß derselbe ein dringender geworden ist, ergibt, von allen inneren Gründen abgesehen, schon allein die Thatsache, daß die Partikulargesetzgebung sich mehr und mehr anschickt, das dem Reiche zugesprochene Gebiet wieder für sich in Besitz zu nehmen.

---

3. Verstaatlichung und öffentlicher Betrieb.

Das Rundschreiben des Reichskanzlers fordert die verbündeten Regierungen zur Aeußerung über die Dringlichkeit einer reichsgesetzlichen Regelung des Versicherungswesens, sowie über einzelne dabei in Frage kommende Punkte auf. Mit keiner noch so versteckten Andeutung weist es auf eine etwa im Hintergrunde stehende Absicht hin, den Betrieb der privatwirthschaftlichen Thätigkeit zu entziehen. Gleichwohl hat dasselbe weithin die Vermuthung geweckt, als solle es die Einleitung zu einer schließlichen Verstaatlichung bilden. Diese mit gleichviel Eifer, Leichtgläubigkeit und Oberflächlichkeit ergriffene Anschauung ist zunächst erwachsen aus der starken Empfänglichkeit der Zeit für derartige Ideen. Der speculative Sozialismus hat nun einmal in dem Gedankenkreis des lebenden Geschlechts, wenn auch dem Einzelnen vielfach unbewußt, eine gewisse Macht gewonnen. Dazu tritt der Eindruck bestimmter Thatsachen, welche in jener Richtung nicht sowohl liegen, als dem unklaren Urtheil zu liegen scheinen. Von wirthschaftlichen Unternehmungen finden sich die großen Verkehrsanstalten zum Theil seit Alters im Besitz und Betrieb des Staats; für die Eisenbahnen hat die neueste Zeit dieses Verhältniß wesentlich erweitert. Die Einführung des Tabakmonopols, — ihrem Zwecke nach zwar nur eine fiscalische Maßregel, aber in der Form die Depossedirung einer Privatindustrie durch den Staat, — ist in den Kreis ernsthafter Projecte getreten. Angesichts solcher Erscheinungen und der auf ein schärferes Eingreifen in die Wirthschaftssphäre gerichteten allgemeinen Tendenz der Gesetzgebungspolitik mag in der That Manchem auch die Verstaatlichung des Versicherungswesens nicht mehr allzuweit abzuliegen scheinen. Der Durchführung würde die bereits gegebene Concentration in größeren Instituten eine gewisse Erleichterung bieten. Aber noch mehr: auf dem Felde der Feuerversicherung ist jene Form in einem Theile der bestehenden öffentlichen Institute bereits verwirklicht. Die Erörterung der legislativen Aufgaben auf diesem Gebiete kann hiernach an der Frage des öffentlichen Betriebs schlechterdings nicht vorbeigehen. Ja dieselbe drängt sich sogar vor allem Anderen auf; denn ihre Entscheidung in dem einen oder anderen Sinne muß dem Inhalt der künftigen Gesetzgebung ein durchaus verschiedenes Gepräge geben.

Man hat sich vor Allem klar zu machen, was man sich unter Verstaatlichung denken will. Bei der Doppelnatur unserer öffentlichen Institutionen wäre ein Zwiefaches möglich: die Feuerversicherung könnte entweder in der Hand der Einzelstaaten oder aber in der des Reichs monopolisirt werden. Fassen wir zunächst das Letztere in's Auge, in welchem Sinne der Gedanke wohl zumeist an den Erlaß des Reichskanzlers geknüpft worden ist. Als bestimmt formulirte Forderung ist die Uebernahme des gesammten Feuerversicherungswesens durch das Reich unseres Wissens zuerst von sozialdemokratischer Seite auf's Tapet gebracht worden. Während der Hochfluth dieser Bewegung tauchte der Plan mit dem sonderbaren Anspruch auf, der Schlüssel zu einer durchgreifenden Finanzreform und allgemeinen Steuererleichterung zu sein, allerdings nicht ohne aus demselben Lager auch alsbald entschiedene Bekämpfung zu erfahren*). Indeß auch für andre Denk- und Anschauungsweisen kann derselbe auf den ersten Blick wohl seine anziehenden Seiten haben. Das Unternehmen, eine wirkliche und große Nationalinstitution in's Werk zu richten, würde an sich schon mit dem Zauber der Idealität umkleidet erscheinen; das Reich wäre mit einem neuen unmittelbaren Lebens- und Machtgebiet ausgestattet; der Rechtseinheit stände zugleich die Betriebseinheit zur Seite und eine derartige vollkommene Uniformirung findet eine gewisse Geistesrichtung ja auch geschmackvoll und nützlich; die Versicherung würde ein für alle Mal aufhören Gegenstand des Privaterwerbes zu sein; von einer öffentlichen Verwaltung sind Manche nur zu leicht geneigt die Abhülfe aller Beschwerden zu erwarten. Die Kehrseiten der Sache, — wie die technischen und administrativen Schwierigkeiten der Ausführung, oder gar die sozialphilosophische Betrachtung, inwiefern das Ganze unseres Volksthums und das Staatswesen selbst bei der Einziehung immer neuer Gebiete freier Wirthschaftsthätigkeit zuletzt gewinnen oder verlieren würden, — treten dem gemeinen Verständniß minder faßlich entgegen. Indeß können auch wir uns an dieser Stelle eines weiteren Ein-

---

*) Vgl. darüber „Die Zukunft", Jahrg. I. Heft 10.

gehens hierauf wohl überhoben halten. Denn bei näherem Zusehen stoßen wir ohnehin sofort auf eine Reihe spröder und unüberwindlicher Thatsachen. Zunächst läge doch wohl schon die Uebernahme des eigenen Versicherungsbetriebs unbestreitbar nicht in den dermaligen verfassungsmäßigen Attributen des Reichs, welche sich in Gesetzgebung und Aufsicht erschöpfen. Daß auch der Reichsregierung ein solcher Gedanke durchaus fern liegt, lehrt der schlichte Menschenverstand, wenn man lediglich an seiner Hand die Thesen des Rundschreibens vom 4. August durchmustert. In der That müssen gerade die aufrichtigsten Freunde und die berufenen Vertreter der Reichsidee um dieser selbst willen sich dagegen verwahren, daß vom Reiche zu viel gehofft und verlangt und das Maß seiner Aufgaben noch mit Staatsgewerben belastet wird. Daß — von der Volksvertretung ganz abgesehen — die Einzelregierungen nicht daran denken seine Competenz nach jener Richtung zu erweitern, und für ein solches Project im Bundesrathe schwerlich eine Mehrzahl von Stimmen zu finden wäre, darf als ausgemacht gelten. Die entschiedensten Gegner würde die Centralisation ganz gewiß auch an den bestehenden Staats- und Provinzialinstituten finden, welche bei aller Ueberzeugtheit von den Vorzügen der öffentlichen Betriebsform doch mit Nichten geneigt sein würden, ihre Selbstherrlichkeit zu opfern. Und so sieht sich eine halbwegs nüchterne Abwägung der Dinge alsbald zu dem Anerkenntniß gedrängt, daß der Gedanke eines Reichsversicherungsmonopols in die Reihe utopistischer Conceptionen gehört, wie sie unsere Zeit zwar mehrfach an's Licht bringt, denen aber von von vorn herein das Schicksal gewiß ist an ihrem inneren Uebermaß zu scheitern.

Noch weit weniger kann aber offenbar eine Uebertragung des gesammten Feuerversicherungsbetriebes auf die Einzelstaaten Aufgabe und Inhalt einer Reichsgesetzgebung sein. Zunächst würde diese Form der Verstaatlichung an und für sich viel geringeren Sympathieen begegnen und weitum im Volke eine entschiedene Stimmung gegen sich finden. Das Reich kann aber doch auch diesen Wirthschaftszweig seinen einzelnen Gliedern unmöglich aufnöthigen. Und viele der letzteren sind sicherlich gar nicht Willens, den Betrieb überhaupt oder in weiterem Umfange, als es bezüglich des Immobiliarbesitzes bereits geschehen ist, an sich zu ziehen. Doch selbst gesetzt, es käme darüber zu einem allseitigen Einverständniß, daß die Einzelstaaten, ein jeder in seinem Gebiet, das gesammte Feuerversicherungsgeschäft für eigene Rechnung und Gefahr übernähmen, — wäre es wohl denkbar, daß sie alsdann noch einer gemeinsamen Gesetzgebung zustimmten, welche ihren Betrieb unter zwingende Normen und unter eine Aufsicht des Reiches stellte? Darüber ist eine Täuschung doch kaum möglich, daß eine Monopolisirung in dieser Gestalt factisch die Reichscompetenz überhaupt beseitigen und einer einheitlichen Rechtsgestaltung ein für allemal den Todesstoß geben würde. Wir bekämen eine Anzahl souveräner Sonderinstitute, die, ohne organischen Zusammenhang unter einander und dabei ohne jedwede Concurrenz, sich in sich selbst abschließen und aus der Feuerversicherung einen büreaukratisch-partikularen Verwaltungszweig machen würden. Ein solcher Zustand wäre auf diesem Gebiete genau das Gegentheil von der Verschmelzung des deutschen Wirthschaftslebens zu einem nationalen Gesammtkörper, wie sie die Reichsverfassung verwirklichen will und soll, und von derjenigen Bewegunsfreiheit, welche die Verkehrsverhältnisse der Gegenwart gebieterisch fordern.

Praktische Bedeutung gewinnt nach dem Gesagten die Idee des Staatsbetriebes in der That erst, wenn wir sie von dem phantastischen auf den realen Boden zurückführen, sie nicht als das abstracte Problem der Zukunft, sondern lediglich als einen der gegebenen Factoren innerhalb des bestehenden Zustandes anblicken. Fragen wir ehrlich, welche Aufgabe der Reichsgesetzgebung zur Zeit der Aufrichtung und nach dem Geiste der Verfassung gesetzt werden sollte, so ist es unzweifelhaft nur die: für das Assecuranzwesen, so wie es die bisherige Entwickelung gestaltet hatte, ein vernünftiges, seinen inneren Bedürfnissen wie den Anforderungen des Gemeinwohls entsprechendes Recht zu schaffen. Zu den in thatsächlicher Wirksamkeit stehenden Unternehmungen gehörten und gehören nun eben in der Feuerversicherung neben den privaten auch staatliche und communale Institute. Diese wollen nicht nur ihre Existenz behaupten, sondern streben sogar nach Befestigung und Erweiterung ihrer Stellung. Wie soll sich die Gesetzgebung zu ihnen stellen? Sind sie überhaupt und in welchem Umfange unter das gemeine Recht zu ziehen? Verdienen sie Begünstigung oder Zurücksetzung? Wie schon in einem früheren Zusammenhange bemerkt, liegt hierin eine der schwierigsten Klippen für die Rechtfindung. Nur wenn gegenüber dem bestehenden Doppelbetriebe eine billige und beiden Seiten gerecht werdende Lösung gelingt, darf gehofft werden, daß ein nützliches, ja vielleicht überhaupt ein Gesetz zu Stande kommt. Auf jene Fragen ist also die Antwort zu suchen, und zu dem Ende zunächst der

Zustand der Dinge, wie er sich in dem Gegensatz der öffentlichen und Privatindustrie bei uns entwickelt hat und gegenwärtig darstellt, kurz zu überblicken.

Die mit ihren Anfängen tief in das vorige Jahrhundert hinaufreichenden, von den einzelnen Staaten oder landschaftlichen und örtlichen Verbänden in's Leben gerufenen öffentlichen Brandkassen und Feuersozietäten haben das unbestrittene Verdienst, in Deutschland zuerst einen assecuratorischen Schutz wenigstens für das in Gebäuden ruhende Volksvermögen eingerichtet zu haben. Der eigentliche wirthschaftliche Gedanke der Versicherung wurde allerdings bei ihrer Begründung noch nicht mit klarem Bewußtsein erfaßt; Abwehr des Brandbettels und Erhaltung der Steuerfähigkeit der Bevölkerung standen als ausgesprochene Motive im Vordergrund. Sie waren Schöpfungen des Polizeistaates, welcher aber hier wie auf anderen Gebieten wohlthätig mit obrigkeitlicher Fürsorge eingriff, während unsere zurückgebliebene Volkswirthschaft für freie Unternehmungen, wie sie in anderen Culturländern um jene Zeit für den gleichen Zweck schon in's Leben traten, noch nicht befähigt war. Ursprung und Stellung jener Institute brachten es mit sich, daß ihre Verwaltung und Geschäftsführung von jeher den büreaukratischen Charakter trugen. Sie kennzeichnen sich hierdurch noch heute, wie vor hundert Jahren. Die damit angedeuteten Eigenthümlichkeiten beruhen naturgemäß in ihrer Anlage und begründen insofern keinen Tadel, wie sie auch an sich das geschichtliche Verdienst der Anstalten nicht schmälern. Nur steht es dazu doch in lebhaftem Contrast, wenn man sie neuerdings für hervorragende Organe der Selbstverwaltung ausgeben und als solche der Zeitneigung empfehlen will. Auch die großen Unvollkommenheiten, die ihnen von Haus aus anhafteten, wie namentlich die gänzlich mangelnde oder doch nur sehr rohe Unterscheidung des Gefahrmomentes, das Unterstützungsprinzip und Aehnliches, begründeten nicht von vornherein einen Vorwurf; denn keine menschliche Einrichtung tritt sogleich voll entwickelt in's Dasein. Wohl aber hing es mit ihrer büreaukratischen Verfassung und namentlich auch mit ihrem monopolistischen Charakter, welcher eine belebende Einwirkung von Außen ausschloß, zusammen, daß sie vielfach bis über die Mitte unseres Jahrhunderts hinaus mit schwerfälliger Trägheit in unbeweglichem Zustande verharrten und sich der zeitgemäßen Fortbildung ihrer Einrichtungen lange und hartnäckig verschlossen.

Inzwischen war, in der Hauptsache freilich auf die Mobiliarversicherung beschränkt, die Privatassecuranz emporgekommen. Von kleinen localen Verbänden abgesehen, trugen in größerem Maßstabe zuerst ausländische, insbesondere englische Compagnieen diesen Geschäftszweig nach Deutschland. Seit dem zweiten und dritten Jahrzehent des laufenden Jahrhunderts traten indeß auch einheimische Unternehmungen in wachsender Zahl auf und drängten jene mehr und mehr bei Seite. Neben der auf reine Gegenseitigkeit gegründeten Gothaer Bank gelangte, wenigstens im Großbetriebe, vorwiegend die Form der Actiengesellschaft zur Herrschaft. Diese Privatanstalten haben die Versicherung des beweglichen Eigenthums im wahren Sinne geschaffen und im Volke verbreitet, wogegen das, was der öffentliche Betrieb dafür bis jetzt geleistet hat, verschwindet. Dieselben stützten ihre Wirksamkeit auf das in dem Wesen der Assecuranz an sich begründete Prinzip der Gefahrvertheilung. Sie begannen ferner an der Hand fortschreitender Erfahrung und Beobachtung eine richtige Gefahrschätzung und entsprechende Abstufung der Preise der Versicherung auszubilden. Mit dieser Technik, sowie in mancher andren Hinsicht durch schnelles Anbequemen an die Bedürfnisse des Verkehrslebens, eilte ihre innere Entwickelung den öffentlichen Instituten weit voraus. Der stagnirende Zustand der letzteren wurde in Folge dessen mehr und mehr Gegenstand der Kritik. Es erhob sich die Forderung nach Aufhebung ihrer Zwangsrechte, von der man den wirksamsten Antrieb zur Verbesserung ihrer Einrichtungen erwartete, ja das Verlangen nach Beseitigung jener Institute überhaupt, insoweit sie unter dem Schutze des Monopols nach wie vor in ihrer Indolenz verharrten. Diese ganze Bewegung, wie es heute beliebt wird, mit einem Schlagwort lediglich für eine Ausgeburt der überwuchernden Macht des Großkapitals auszugeben, ist eine arge Entstellung. Ging doch dieselbe zum Theil aus von öffentlichen Corporationen der verschiedensten Art, Volksvertretungen, ja vor Allem in sehr weitem Umfange von den Versicherungsnehmern selbst, welche ihre Interessen bei dem freien Betriebe besser gewahrt fanden. Auch die Theilnahme der Privatgesellschaften war mindestens insoweit eine durchaus berechtigte, als ihr das Bewußtsein einer vollkommeneren Leistung zu Grunde lag, und dieser einen erweiterten Raum zu schaffen nicht nur ein erlaubtes, sondern geradezu ein nützliches Streben war.

Wenn nun, hauptsächlich in den beiden letzten Jahrzehnten, die inneren Verhältnisse mancher öffentlichen Institute, wie bereitwillig anerkannt werden soll, bessernd umgestaltet worden sind, so hat nicht allein eben jene Bewegung dazu in bemerkenswerthem Maße den Anstoß gegeben, sondern es haben auch die Erfahrungen und die Technik der Privatanstalten zum Vorbilde gedient. In Preußen waren die Sozietäten schon früher zum größeren Theil des Zwangsrechtes entkleidet worden; so sehr sie selber dies noch heute beklagen, hat doch die Erfahrung durchaus die Erwartung bestätigt, daß es fördernd auf ihren ganzen Organismus einwirken werde, und ihre Einrichtungen wie ihre Geschäftsführung haben dabei lediglich gewonnen. Auch von den Staatsanstalten, welche sich des Zwanges nicht entäußert haben, ist eine Mehrzahl den Fortschritten der Privatanstalten gefolgt und hat ihren Betrieb auf verbesserte Grundlagen gestellt. Insbesondere ist bei den meisten das sog. Classificationssystem ausgebildet worden, welches, wenn auch der vom Privatbetrieb gehandhabten individuellen Gefahrschätzung noch nicht gleichwerthig, doch die früheren Ungleichheiten und Härten wesentlich mildert. Ferner aber haben sich die öffentlichen Institute seit dem Ende der sechziger Jahre zur Förderung und Vertretung ihrer gemeinsamen Interessen coalirt und in dieser Vereinigung eine Kraft der Reaction gegen die frühere Strömung gewonnen, welche das damalige Bild gänzlich umgekehrt und die Privatanstalten völlig in die Defensive versetzt hat. Mittel und Ziele der nunmehr mit großer Wucht gegen die letzteren gerichteten Agitation werden zwar nicht von der Gesammtheit der öffentlichen Anstalten im ganzen Umfange gebilligt; insbesondre stehen in diesem Kampfe die großen, auf die Gebäudeversicherung beschränkten und dafür mit Zwangsrecht ausgestatteten Staatsinstitute nicht in vorderster Reihe. Aber aus den Kreisen der jenes Rechtes verlustig gegangenen mittleren und provinziellen Institute heraus, aus welchen die Bewegung hauptsächlich die treibenden Kräfte und die streitbaren Vorfechter empfängt, wird zunächst auf Wiederherstellung des Versicherungszwangs für Gebäude und Erweiterung des öffentlichen Mobiliarbetriebs hingewirkt, und sodann die Spitze der Angriffe immer unverhohlener gegen die Berechtigung des Privatbetriebs an sich gekehrt*). Wenigstens der Kern der zu

---

*) Die hauptsächliche Schrift, eine wahre Anklageacte gegen die Privatfeuerversicherung und zugleich Panegyrikus der öffentlichen Institute, ist die Abhandlung von v. Hülsen und Brämer: „Die öffentlichen Feuerversicherungs-Anstalten in Deutschland und ihre rechtliche Stellung gegenüber

dem Ende aufgestellten Theorieen kann nicht ganz mit Stillschweigen übergangen werden.

Man hat auf jener Seite neuerdings eine besondere Idee von der Einheit des Feuerschutzes erfunden. Bau- und Feuerpolizei — so argumentirt man — welche dem Ausbruch von Schadenfeuern vorbeugen sollen, ferner das Feuerlöschwesen, welches der Bekämpfung ausbrechender Brände dient, liegen als öffentliche Ordnungen und Veranstaltungen in der Hand des Gemeinwesens. Die Feuerversicherung sei nichts als eine Ergänzung derselben, welche da eintrete, wo jene sich in ihren Wirkungen unzureichend erweisen. Folglich soll auch sie ihrer Natur nach eine communale Aufgabe und Institution sein, wobei übrigens der Begriff der Commune ad libitum sowohl mit dem Staatswesen selbst als mit den ihm eingegliederten engeren Verbänden zusammenfallen könne. Es liegt auf der Hand, daß dieser Gedankengang consequenter Weise zuletzt auf die Alleinherrschaft des öffentlichen Betriebes für den ganzen Umfang der Feuerversicherung führt. Dies ist eben auch das Ziel, welchem seine Urheber zustreben. Dabei leiten sie weiter aus jenem supponirten Charakter den Anspruch auf Autonomie, d. h. auf Exemtion der öffentlichen Institute von der Reichsgesetzgebung her, dergestalt daß ihre eigene partikulare Rechtsbildung sowohl den Umfang ihrer Aufgaben als ihre Ausstattung mit den zu deren Durchführung für erforderlich gehaltenen Mitteln bestimmen soll. Gesetzt dies würde anerkannt und es gelänge auf diesem Wege das angedeutete Ziel zu erreichen, so würde danach die Reichsgesetzgebung eines Tages sich auf's Trockne gesetzt, d. h. sich das Object entzogen sehen. Die Bedeutung eines solchen Zustandes und seine Unvereinbarkeit mit der Verfassung haben wir oben bereits aufgezeigt. Sehen wir uns aber die Begründung jener unter Firma der Commune modificirten Verstaatlichung näher an, so stellt sie sich als eine einfache petitio principii dar. Es werden eben die Gränzen zwischen den nothwendigen Attributen der öffentlichen Gewalt und der Befriedigung individueller Wirthschaftsbedürfnisse verwischt. Mit dergleichen Kunststücken läßt sich auch die Nothwendigkeit beweisen, aus Rücksicht auf die Ernährung des Volks und die Aufgaben der Gesundheitspolizei die Herstellung und den Vertrieb der menschlichen Nahrungs- und Genuß-

---

den Privat-Feuerversicherungs-Gesellschaften", im Ergänzungsheft IV. zur Zeitschrift des Kgl. Preuß. Statistischen Büreaus (1874).

mittel, ja zuletzt jede gewerbliche Thätigkeit in die Hand des Gemeinwesens zu legen. Mit der prinzipiellen Forderung, daß dieses derartige Gebiete des Wirthschaftslebens nicht nur zu ordnen sondern völlig aufzusaugen berufen sei, befinden wir uns in der That und Wahrheit mitten im Sozialismus, hier zwar nicht des demokratischen, aber des büreaukratischen. So zugänglich auch die in den wirthschaftlichen Anschauungen der Masse und selbst vieler Gebildeten gegenwärtig herrschende Gährung und Verwirrung manche Geister dieser Ideenrichtung gemacht hat, halten wir es doch für undenkbar, daß die Legislatur des Reiches auch nur einen Fuß auf diesen Boden setzen sollte!

Die Wortführer und Lobredner des öffentlichen Betriebes preisen nun ferner auch dessen innere Vorzüge und praktische Ueberlegenheit unter äußerster Herabsetzung ihrer Gegner mit gewaltigem Nachdruck. Der Privatbetrieb wäre danach nicht nur, und selbst in der gegenseitigen Form, eitel Eigennutz, sondern überhaupt zur Erfüllung der Aufgaben der Assecuranz unfähig. Bei den öffentlichen Instituten, die noch überdies — den augenfälligsten Thatsachen zuwider — als der mit Lasten überbürdete und in seinen Rechten zurückgesetzte Theil hingestellt werden, sollen allein vernünftige Grundsätze, Loyalität und Gemeinsinn zu finden sein. Nur sie wollen den Versicherten vollen Schutz, wirkliche Sicherheit, billigste Preise, klare Rechnungslegung, dem Immobiliarcredit seine wahre Stütze gewähren. Ohne sie wäre auch das deutsche Versicherungswesen in amerikanische Ausschweifungen versunken! Fürwahr, man versteht es auf jener Seite sein Licht nicht unter den Scheffel zu stellen! Wenn alles das wahr wäre, müßte es in der That nicht mit rechten Dingen zugehen, daß der Privatbetrieb von dem öffentlichen nicht längst völlig aus dem Felde geschlagen und concurrenzunfähig gemacht ist. Aber die Versicherungsnehmer, um deretwillen die Assecuranz doch eigentlich da ist, und welche ihr den Schutz ihres Eigenthums anvertrauen, denken eben zu einem sehr großen Theile anders. Man kann den vergangenen Verdiensten und den gegenwärtigen Leistungen der öffentlichen Institute volle Gerechtigkeit widerfahren lassen und dabei doch finden, daß von den Vorzügen, die ihre Fanatiker ihnen nachrühmen, bei näherem Zusehen sich Vieles als sehr viel weniger glänzend erweist. Jenes Uebermaß der Selbstschätzung und der Verkleinerung des Arbeitsgenossen aber, welches selbst diejenigen, die sich mit ihnen auf dem gemeinsamen Boden der Gegenseitigkeit in grundsätzlicher Harmonie wissen, zu lauter Verwahrung gegen eine solche Methode der Agitation zwingt, zeigt klarer als irgend etwas, daß wir auch hier nichts andres als die Verfechter einer Interessengruppe vor uns haben. Die hergebrachten Ansprüche des öffentlichen Dienstes bringen es dabei wohl einigermaßen mit sich, daß man auch in dem vorliegenden Verhältniß die Gleichwerthigkeit oder gar Ueberlegenheit fremder Leistung von vorn herein undenkbar und ihre Mitbewerbung besonders unerträglich findet.

Es ist hier selbstverständlich nicht der Ort, uns mit dieser Gegnerschaft contradictorisch auseinanderzusetzen und das gesammte Rüstzeug ihrer Polemik vor den Augen des Lesers auf seinen Werth oder Unwerth zu prüfen, so stark auch der Anreiz dazu bei jedem berührten Punkte sich geltend macht, indem die neuerlichen Parteischriften der öffentlichen Institute noch keine zusammenhängende Widerlegung erfahren haben. Aber gegenüber so großen Uebertreibungen und Entstellungen, wie sie von jener Seite mit dem Anspruch auf öffentlichen Glauben fort und fort in Umlauf gesetzt und namentlich den Regierungen insinuirt werden, handelt es sich nothgedrungen darum, die sachliche und historische Wahrheit wenigstens assertorisch festzustellen. Es wird daher gestattet sein, den oben resümirten Angriffen mit zwei Worten dasjenige gegenüberzustellen, was der Privatbetrieb als solcher ohne Unbescheidenheit für sich in Anspruch nehmen darf. Die Feuerversicherung weist, soweit unsere Kenntniß reicht, in der That in keinem andren Lande einen gleichen Grad innerer Vollkommenheit und durchschnittlicher Solidität auf wie bei uns in Deutschland. Wir wollen daran den öffentlichen Instituten, als Gliedern des Ganzen, ihren gebührenden Antheil nicht schmälern, vindiciren aber einen solchen daneben zunächst dem deutschen Volkscharakter, und ferner allerdings auch den einheimischen Privatanstalten. Ohne die letzteren würde ganz unzweifelhaft weder die Versicherung eine so weite Verbreitung, noch die Technik des ganzen Zweiges einen so hohen Grad der Durchbildung erlangt haben. Das letztere Moment stellt unsere Assecuranz auf diesem Gebiete selbst über die englische, bei der hier noch heute mehr die geschäftsmäßige Behandlung überwiegt. Der finanzielle Stand und die Sicherheit der großen Mehrzahl unserer Privatanstalten geben keiner Anfechtung Raum; finden sich unter den kleinen und jungen Unternehmungen selbstverständlich auch einzelne schwache Existenzen, so fehlen solche auch im Bereich der öffentlichen Institute keineswegs. Bei einer nach Millionen zählenden Theilhaberschaft hat der Privatbetrieb sich

Ansehen und Vertrauen erworben, welche nicht zum geringsten Theil auf der in dem freien Vertragsverhältniß gegebenen Rechtsstellung beruhen. Den besonderen Bedürfnissen der Mobiliarversicherung, deren Objecte einem unablässigen Wechsel des Bestandes wie des Ortes unterliegen und deren Handhabung deshalb ein weit höheres Maß discretionärer Beweglichkeit erfordert als die stabile Gebäudeversicherung, vermag allein der Privatbetrieb mit seinen freieren und leichteren Geschäftsformen vollauf zu genügen. In dem Umfang der von ihm geleisteten Garantie ist er vielfach, z. B. durch die Versicherung des vollen Werthes sowie der Explosionsgefahren, dem öffentlichen vorangeschritten. Dem Immobiliarcredit gewähren auch die Privatgesellschaften ohne jede Gegenleistung und theils ohne alle weitere, theils unter der einzigen Voraussetzung einer formlosen Anmeldung völlig wirksamen Schutz gegen den Verlust der Sicherheit, sei es durch den Brandfall oder das Erlöschen der Versicherung; die Rechtsbeziehung zwischen dem Versicherer und dem Hypothekargläubiger, welche nach dem jetzigen Stande des Privatrechts noch durch besondre Versicherungsbedingung oder die erwähnte Anmeldung vermittelt werden muß, zu einer unmittelbaren zu gestalten, vermag nur die bürgerliche Gesetzgebung, von der wir dies auch demnächst erwarten. Betrachten wir die Entwickelung, den Charakter und Umfang sowie die Leistungen unseres Privatbetriebs im Ganzen, so wird die Behauptung, daß derselbe geradezu unentbehrlich ist, selbst bei dem gemäßigten Theile unter der Anhängerschaft der öffentlichen Institute keinen Widerspruch finden. Sehen sich doch diese selbst in immer steigendem Maße dazu gedrängt, im Wege der Rückversicherung bei der Privatindustrie Unterstützung und Erleichterung ihres Massenobligos zu suchen*). Der Privatbetrieb ist aber heute in seiner

---

*) Der öffentliche Betrieb zollt damit lediglich selber der sonst von ihm verleugneten Maxime der Gefahrvertheilung Anerkennung. Die durch Zuhülfenahme der Rückversicherung geübte Vorsicht ist in der That auch für ihn eine ganz rationelle. Nur muß das Hülfsmittel hier, wie überall, mit Maßen gebraucht werden. Wird ein großer Theil des Gesammtgeschäfts einer Anstalt weiterbegeben, so liegt darin nicht mehr eine Stütze, sondern eine — unter Umständen schwere — Gefahr. An die Stelle des unmittelbaren tritt ein Creditrisiko, die Gefahr der Zahlungsweigerung oder -Unfähigkeit des Rückversicherers. Die Versicherten wissen aber überhaupt nicht mehr, wem sie sich anvertrauen. Einzelne Sozietäten nun, — eben solche, welche mit dem Privatbetrieb concurriren und denen dabei der Concurrenz- und Acquisitionseifer über alle anderen Rücksichten geht, — bedienen sich neuerdings

Leistungsfähigkeit auch dermaßen erstarkt, daß er bei der vorhandenen Vielgliedrigkeit und der damit ermöglichten Vertheilung des Risikos sogar vollauf im Stande sein würde, für sich allein dem gesammten Versicherungsbedürfniß zu genügen. Er thut es thatsächlich da, wo ihm ein öffentlicher nicht zur Seite steht, so z. B. in Bremen, dessen Welthandel eine Anhäufung von Werthen auf kleinem Raume erzeugt, wie sie überhaupt nur noch an zwei oder drei andren deutschen Plätzen besteht. Die einestheils durch die Vielzahl der Unternehmungen an sich, andrentheils durch den Wettbewerb speculativer und genossenschaftlicher Betriebsformen geschaffene Concurrenz stellt ferner im Großen und Ganzen auch ein durchaus angemessenes Niveau der Preise her. Ja die letzteren sind auf einzelnen Gebieten, wie z. B. bei der nach allen Erfahrungen so verlustreichen und doch seit einer Reihe von Jahren von den Gesellschaften mit besonderem Eifer umworbenen Landwirthschaft, auf eine Stufe herabgedrückt welche die Gefahr nicht mehr deckt.

Wir leiten aus den vorstehenden Ausführungen zunächst nur die Folgerung her: daß es unmöglich der Beruf der erwarteten Reichsgesetzgebung sein kann, durch Bevorzugung des öffentlichen Betriebs der Feuerversicherung auf eine Verallgemeinerung desselben hinzuwirken. Nun ist allerdings auch die weitere Frage aufzuwerfen: ob es noch als ein wirthschaftliches Bedürfniß der Gegenwart anzusehen ist, denselben in seiner gegebenen Verfassung mit allen bestehenden Vorrechten und mit dem öffentlichen Charakter überhaupt zu conserviren? Die Beantwortung dieser Frage ist mehr oder weniger bedingt durch die allgemeine Ansicht von den Aufgaben des Staates und seiner eingegliederten Organe, und diese Ansicht ist ja nicht bloß der Zeit nach, sondern vielfach auch unter den Mitlebenden eine verschiedene. Wir an unserem Theile vermögen aber danach nur zu einer Verneinung zu gelangen. Was zunächst den Staat selbst betrifft, so kann derselbe auf der einen Seite weder ganz ohne eigenen Wirthschaftsbetrieb bestehen, noch auf der andren die gesammte Volks-

---

der Rückversicherung in dem erwähnten Umfang als eines Kampfmittels, dergestalt daß ihr Geschäft zu einem beträchtlichen Theil sozusagen nur noch als Agenturbetrieb für Rückversicherungsunternehmungen erscheint. Ist es wahr, wie glaubhaft verlautet, daß sie sogar nichtdeutsche Verbindungen in erheblichem Maße benutzen und also eine ausländische Industrie, die an dem Geschäft doch verdienen will und muß, alimentiren, so stellt sich allerdings der „reine Dienst des Gemeinwohls", den sie so emphatisch im Munde führen, in einem höchst eigenthümlichen Lichte dar.

wirthschaft an sich ziehen und zur Staatswirthschaft umbilden. Seine ökonomischen Verrichtungen sind also eine Frage des Maßes. Niemals wird er sich der Selbstbewirthschaftung gewisser Theile seines Vermögens sowie der Oekonomie seiner großen Verwaltungszweige völlig entäußern können. Auch im Gebiete des Verkehrswesens weisen ihm das starke Bedürfniß der Einheit und Centralisation neben großen Interessen seiner eigenen Machtstellung bleibende Functionen zu. Soweit dagegen Rücksichten dieser und ähnlicher Art nicht vorwalten, erschöpft sich wenigstens der Beruf des modernen Staates, der einer mächtigen und hochentwickelten Volkswirthschaft gegenübersteht, darin, dieser eine vernünftige Rechtsordnung zu setzen, welche ihren selbstthätigen Kräften im Allgemeinen freien Spielraum schafft und nur gegen den Misbrauch dieser Freiheiten wieder die unerläßlichen Vorkehrungen trifft. Unter die natürlichen Aufgaben des Staates kann hiernach der eigene Betrieb der Feuerversicherung zur Zeit ganz gewiß nicht mehr gerechnet werden. Mochte es vor hundert Jahren eine Nothwendigkeit und eine Wohlthat sein, daß die öffentliche Gewalt hier helfend und sogar zwingend eintrat, so sind die thatsächlichen Verhältnisse, welche dem zu Grunde lagen, ja längst völlig verwandelt. Ganz analoge, ja noch stärkere Erwägungen sprechen aber auch gegen das Bedürfniß einer Fortsetzung jenes Betriebs durch engere politische Verbände. Von den allgemeinen Aufgaben, welche dieselben als Glieder des Staatsganzen zu erfüllen haben, liegt derselbe weit ab. Die Unhaltbarkeit der Doctrin von dem an sich communalen Charakter der Feuerversicherung haben wir oben schon nachgewiesen. Schwerlich würde dieser Gedanke heute überhaupt in einem Kopfe entstanden sein, wenn ihn nicht die Vertheidigung überkommener Zustände und der daran geknüpften Interessen geweckt hätte. Die örtliche Concentration und Abschließung widerstrebt eben dem inneren Wesen dieses Wirthschaftszweigs. Für die einzelne Gemeinde vollends schließt die Sache — etwa ganz wenige Großstädte ausgenommen, wenn sie eine durchweg vorzügliche Bauart besitzen — die größten Gefahren in sich; Hamburg trägt heute noch an einer schweren Schuld aus dem Brande von 1842!

Von dieser grundsätzlichen Anschauung aus können wir in dem völligen Uebergang vom gebundenen zum freien Betriebe lediglich den durch die Natur des öffentlichen Gemeinwesens an sich vorgezeichneten, nicht minder aber auch durch den Stand unserer Volkswirthschaft durchaus gerechtfertigten Fortschritt erblicken. Die Freigebung des Feuerversicherungsbetriebes würde sich heute nach unserer Ueberzeugung in der That ohne jeden Schaden für das Gemeinwohl vollziehen. Es schließt dies nun aber keineswegs etwa, und insbesondre auch nach unserer Meinung nicht, die allgemeine Aufhebung der öffentlichen Institute in sich, sondern nur die Entkleidung von ihren Sonderrechten, insbesondre, soweit dies besteht, von dem Monopol der Gebäudeversicherung. Dagegen können sie, soweit sie dazu individuell auf die Dauer befähigt scheinen, als freie gegenseitige Vereine ihr Dasein und ihre Wirksamkeit, selbst in Anlehnung an ein bestimmtes Gemeinwesen, fortsetzen. In ihrem gegenseitigen Prinzip, welches den Schutz gegen die elementare Gefahr als Unternehmen genossenschaftlicher Selbsthülfe gestaltet, erblicken wir überhaupt den eigentlichen und gesunden Kern jener Gebilde und ihr lebenskräftiges Element. Von dieser Seite betrachten auch wir sie als nützliche Glieder der Assecuranz und heißen ihre Fortschritte willkommen; wir glauben zugleich, durch die bisherigen Erfahrungen bestärkt, daß sie im freien Wettkampf ihren eigenen Organismus weiter kräftigen und jene guten Anlagen erst zu vollkommener Entfaltung bringen würden. Gegen diese inneren Eigenschaften tritt überhaupt, wenn wir auf das Wesen der Sache sehen, ihr öffentlicher Charakter, der sich ihrer Entwickelung und Fortbildung oft genug sogar hinderlich erwiesen hat, völlig zurück. Seine Berechtigung ist in der That eine rein historische, und diese hat sich erschöpft; seine gegenwärtige Bedeutung ist bloß noch die eines äußerlichen Machtmittels. Für die Auffassung, daß in dem Verlust des letzteren eine Herabwürdigung liege, geht uns allerdings jegliches Verständniß ab.

Nun ist freilich nicht zu verkennen, daß einem entschiedenen Schritte nach vorwärts in der angedeuteten Richtung die Zeitanschauung heute minder günstig ist, als vielleicht vor anderthalb Jahrzehnten. Wenigstens ein Theil der öffentlichen Meinung unterliegt einem rückläufigen Zuge und ist der Einräumung neuer wirthschaftlicher Freiheiten abgeneigt. Unterstützt wird dieses Moment auf unserem Gebiete ferner dadurch, daß die neuerlichen Reformen mancher öffentlichen Institute einen Theil der früheren Beschwerden beschwichtigt haben. Vor Allem aber besteht wohl in den regierenden Kreisen sehr wenig Bereitwilligkeit, dieses Gebiet unmittelbaren oder mittelbaren staatlichen Einflusses zu opfern. Mit solchen Thatsachen muß im gegebenen Augenblick gerechnet werden, und das Bedürfniß der reichsgesetzlichen Reform im Ganzen ist in unseren Augen ein so starkes, daß dieselbe nicht durch Forderungen auf das Spiel gesetzt werden darf, denen zur Zeit noch ein unbesiegliches Widerstreben entgegentritt. Wir erwarten deshalb von der bevorstehenden Reichsgesetzgebung überhaupt nicht mehr, als daß sie die bestehenden Unternehmungsformen in ihrer geschichtlichen Eigenart als gegebene Thatsachen anerkennt, und im Uebrigen, über den Gegensätzen stehend, nur den ausgleichenden Beruf des Gesetzgebers wahrnimmt. Sie ist dazu auf unserem Felde in der That allein befähigt, während die Landesgesetzgebung nur zu häufig von den einseitigen Anschauungen und Interessen des öffentlichen Betriebes bestimmt worden ist und sich von diesen Einflüssen, so lange das Verhältniß besteht, auch schwerlich ganz zu befreien vermag.

Wir müssen an dieser Stelle noch die formale Frage der Unterordnung der öffentlichen Institute unter die Gesetzgebung und Aufsicht des Reiches kurz berühren. Wie erwähnt, wird dieselbe von Vertretern dieser Gattung bestritten, und zwar mit dem Argument, daß die Vorschrift der Verfassung nur den gewerblichen Assecuranzbetrieb im Auge habe. Nun steht aber zunächst weder sprachlich noch gesetzlich (abgesehen etwa vom Steuerrecht) der Begriff des Gewerbes allgemein mit dem Inhalte fest, daß davon jede nicht auf Gewinn abzielende Geschäftsthätigkeit von vornherein ausgeschlossen wäre; vielmehr wird der Ausdruck bald in engerem, bald in weiterem Sinne gebraucht, und so spricht man ja auch ganz gewöhnlich von Staats- und Communalgewerben ohne Rücksicht auf jenes Kriterium. Wollte man indeß den Begriff für das vorliegende Verhältniß danach abgränzen und jener Auffassung beipflichten, so stände man sofort vor einer Reihe der ungereimtesten Consequenzen. Es wäre dann überhaupt der gegenseitige Betrieb, auch der private, von der reichsgesetzlichen Regelung ausgeschlossen. Wir hätten für ein und dasselbe Gebiet, auf welchem die verschiedenartigen Unternehmungen neben einander und in weitem Umfange in Concurrenz stehen, zwei gesonderte und zwar coordinirte Quellen der Rechtsbildung. Jede einheitliche Gestaltung wäre damit von vornherein durchbrochen. Ja es befände sich sogar die Landesgesetzgebung in der überlegenen Position, daß sie — wie schon angedeutet — das Reichsgesetz aus ihrem Territorialbereich sozusagen hinausmanövriren könnte. Das letztere wird — wie wir annehmen — den Privatanstalten das allgemeine Indigenat gewähren; aber es wäre wiederum vernichtet, wenn es dem Partikulargesetz freistehen sollte, z. B. den Versicherungszwang der Landesanstalt auch auf die Mobiliarversicherung zu erstrecken. In der That ein geradezu unerträglicher Zustand! Die Rechtsordnung für ein und dasselbe Wirthschaftsgebiet kann und soll eben schlechterdings auf solche Weise nicht zerrissen werden. Daß die Verfassung gar keine andere Absicht haben konnte, als das Versicherungswesen in seiner Gesammtheit dem Reiche zu unterstellen, ist hiernach doch vernünftiger Weise nicht zu bestreiten. Das Reich seinerseits kann dann wohl gewisse Theile vorerst der Landesgesetzgebung weiter überlassen; ob aber und wie lange es dies thun will und die Bestimmung der Gränzen für eine solche Abscheidung kann nur von ihm abhängen, und es ist auch hier kein anderes Verhältniß denkbar, als daß das Reichsrecht über dem Landesrecht stehe. Aber auch der Wortlaut der Verfassung spricht unverkennbar für unsere Auffassung. Der Art. 4 reiht unter die gemeinsamen Gegenstände den „Gewerbebetrieb einschließlich des Versicherungswesens"; eine Einschränkung bezüglich des letzteren ist nicht hinzugefügt. Damit soll augenscheinlich gerade der ganze Bereich desselben getroffen und jeder Zweifel bezüglich des gegenseitigen Betriebes beseitigt werden. Soweit schon die Unternehmungsform an sich als Gewerbe im engeren Sinne erscheint, wäre eine ausdrückliche Hervorhebung des Versicherungswesens überhaupt nicht erforderlich gewesen. Nur die Behauptung, daß ihr Geschäftsbetrieb nicht „Versicherung" sei, könnte einen Anspruch auf Exemtion der öffentlichen Institute begründen, und diese Behauptung ist unmöglich. Daß auch die verbündeten Regierungen von Anfang an jene Klasse nicht als der Reichsgesetzgebung entrückt angesehen haben, steht nach den Verhandlungen des Bundesraths von 1868—69 außer Zweifel. Der damals von Coburg-Gotha eingebrachte und zum Beschluß erhobene Antrag hatte ausdrücklich die Ausarbeitung eines das „gesammte Versicherungswesen" (nur mit Ausschluß der privatrechtlichen Seite) umfassenden Gesetzes zum Gegenstand. Ganz schlagend wird die Ansicht in jenen Kreisen auch durch das bekannte bayrische Reservat bekräftigt. Eine auf das Immobiliarversicherungswesen erstreckte Bundesgesetzgebung soll danach in Bayern nur mit Zustimmung der dortigen Regierung Geltung erlangen. Es ist damit der Einschluß auch dieses Gebietes, welches die eigentliche, vielfach ausschließliche Domäne der öffentlichen Anstalten bildet und speziell in Bayern Staatsmonopol war und ist, in die Competenzbestimmung der Verfassung auf das Unzweideutigste anerkannt. Der ganze Vorbehalt wäre inhaltlos, wenn der öffentliche Betrieb schon als solcher von der Bestimmung nicht berührt würde.

Der laut gewordene Widerspruch gegen die Unterstellung der öffentlichen Feuerversicherungsinstitute unter das Reichsgesetz wurzelt nun unverkennbar in der Befürchtung, daß dasselbe in ihre eigenartigen Verhältnisse und Bevorrechtungen zu tief einschneiden könne. Wird diese Befürchtung zerstreut, so wird ihnen der u. E. allerdings unerläßliche Entschluß, auch sich künftig als Glieder des Ganzen zu betrachten und über sich die Reichshoheit anzuerkennen, erleichtert sein. Das punctum saliens liegt also in der Frage: Wie weit soll die Reichsgesetzgebung gegenüber den öffentlichen Anstalten gehen? Damit betreten wir den Boden der praktischen Interessen. Auf diesem Terrain wird eine billige Verständigung zu suchen und, wie wir glauben, bei gutem Willen von allen Seiten, auch zu finden sein. Der hauptsächlichsten Punkte, welche hier in Frage kommen, sind aber zwei.

In erster Linie steht der Versicherungszwang für Gebäude. Träger desselben sind, neben einigen städtischen und provinziellen Instituten in Preußen, in der Hauptsache die Staatsanstalten einer Reihe von Bundesstaaten. Wie wir über die Institution an sich denken, haben wir mehrfach angedeutet. Dagegen muß es nun einmal als ausgemacht angesehen werden, daß die Regierungen jener Staaten der großen Mehrzahl nach einer Aufhebung des Zwanges zur Zeit abgeneigt sind. Ein Versuch, diesen Anschauungen Gewalt anzuthun, würde leicht das ganze Gesetzeswerk in Gefahr bringen. Wir sprechen uns deshalb von vornherein dafür aus: daß die Entscheidung über Beibehaltung oder Aufhebung des Zwanges in dem dermalen bestehenden Umfange bis auf Weiteres der Landesgesetzgebung überlassen wird. Dagegen kann selbstverständlich, soweit der Zwang zur Versicherung bei einer öffentlichen Anstalt nicht bereits geltendes Recht ist, das Reich sich der Einflußnahme auf eine künftige Gestaltung der Dinge in dieser fundamentalen Frage nicht begeben. Es wird deshalb zu statuiren sein, daß die Neueinführung des Versicherungszwanges für ein Gebiet, welches demselben bislang nicht unterworfen war, sowie seine etwaige sachliche Ausdehnung auf bisher nicht davon ergriffene Vermögensgegenstände nur durch Reichsgesetz erfolgen kann. An die gleiche Form wäre ferner die Ausdehnung des Geschäftsbetriebs einer mit dem Gebäudezwang beliehenen öffentlichen Anstalt auf die Mobiliarversicherung, auch nur mit facultativem Charakter, zu knüpfen. Es liegt auf der Hand, daß durch eine derartige Erweiterung die Feuerversicherung einer vollständigen partikularen Verstaatlichung entgegengeführt würde. Mit dem Reichsinteresse wird sich u. E., wie wir es schon ausgesprochen haben, eine solche Entwickelung niemals vertragen. Es ist das Mindeste und Mildeste, wenn das Reich die Entscheidung über ihre Zulässigkeit seiner eigenen Gesetzgebung wahrt. Wir bemerken ausdrücklich, daß durch diesen Vorbehalt kein gegenwärtig begründetes Recht geschmälert wird. Die gleichzeitige Ausstattung einer Staatsanstalt mit dem Monopol der Gebäudeversicherung und dem Betriebe der Mobiliarversicherung hat neuerdings nur in Sachsen-Gotha während eines Uebergangsstadiums zu Recht bestanden; der Versuch, dieses Verhältniß dauernd zu legalisiren, ist dort von der Landesvertretung zurückgewiesen worden. Von den jetzt bestehenden eigentlichen Zwangsinstituten betreibt unseres Wissens keines die Mobiliarversicherung. Es wird auch in den Kreisen der öffentlichen Anstalten selbst vielfach anerkannt, daß ihr wesentlich mit dem Realcredit in Zusammenhang gebrachter Beruf nicht über die Immobiliarversicherung hinausgehe, und auch die Organe der altpreußischen Provinzialsozietäten haben wiederholt die Mobiliarversicherung als eine Last bezeichnet, die sie nur nothgedrungen auf sich genommen hätten, um nach Verlust des Gebäudezwangs sich in der Concurrenz mit den Privatanstalten behaupten zu können. Im Ganzen beruht also unser Vorschlag hinsichtlich der Frage des Zwanges auf dem status quo. Er schont in vollem Maße den gegenwärtigen Rechtsstand der öffentlichen Institute und die darin begründeten Interessen, und wahrt im Uebrigen der Reichsgesetzgebung, ohne dieselbe sachlich zu binden, nur die unerläßliche Mitwirkung bei künftigen Veränderungen, welche nicht in der Richtung einer wirthschaftlichen Befreiung liegen.

Der andere Punkt, welcher den öffentlichen Anstalten besonders am Herzen liegt, betrifft die Selbständigkeit ihres äußeren und inneren Organismus. Hier aber ist die Besorgniß, daß die Gesetzgebung des Reiches sich daran in schädigender Weise vergreifen könne, doch wohl von Haus aus ohne allen Grund. Es besteht in der That kein allgemeines Bedürfniß, den unmittelbaren Zusammenhang jener Institute mit den politischen Körperschaften, als deren Veranstaltungen sie erscheinen, zu stören. Die Organisation des Dienstes ferner, die eigentliche Geschäftsführung, die technischen Grundlagen des Betriebes, sind Dinge, in denen jedenfalls auch den Privatanstalten die freie Bewegung nicht verkümmert werden wird. Es versteht sich also ganz von selbst, daß ihre autonome Ordnung nicht minder bei den öffentlichen Anstalten nach wie vor der Gesetzgebung des Landes, des Provinzial- oder Communalverbandes überlassen bleibt. Auch das alte Privilegium executivischer Beiziehung der für die Gebäudeversicherung zu entrichtenden Beiträge kann unangetastet bleiben.

Nur eine einzige in die Verwaltungspraxis der öffentlichen Anstalten einschlagende Angelegenheit wird allerdings durch die Reichsgesetzgebung ihre endliche Lösung zu finden haben, nämlich die Zulässigkeit ihrer Vertretung durch öffentliche Behörden und Beamte. Die Bedeutung dieser Frage ist überhaupt keine allgemeine. Daß die im unmittelbaren Betrieb eines Staates oder einer Commune befindlichen Zwangsanstalten für Gebäudeversicherung durch deren Beamte verwaltet und nach außen repräsentirt werden, ist durchaus natürlich und unterliegt keinerlei Anstand; es besteht hier keine Berührung mit der Privatindustrie und kann eine Collision von Pflichten nicht eintreten. Ganz anders liegt die Sache dagegen bei denjenigen öffentlichen Instituten, welche, nicht im Besitz des Monopoles, in der Gebäude- und resp. auch Mobiliarversicherung mit den Privatanstalten concurriren. Es ist dies — die mit der sogenannten Landfeuersozietät des (Preußischen) Herzogthums Sachsen amalgamirte Gothaische Landesanstalt eingerechnet — in der Hauptsache die Gruppe der Preußischen Provinzialsozietäten. Auch diese ständischen Institute nehmen die Benutzung von Staats- und Gemeindebeamten für ihre Verwaltungszwecke als ihr „natürliches Recht" in Anspruch. Angenommen es könnte von einem solchen wirklich die Rede sein, so würde es sich doch keinesfalls auf alle Kategorien und insbesondere auf solche Beamte erstrecken, mit deren anderweiten Pflichten die Stellung unvereinbar erschiene. Der ganze Anspruch kann aber überhaupt nur dadurch mit einem Schein von Begründung umgeben werden, daß man den Begriff der „öffentlichen" Anstalt in durchaus unzulässiger Weise generalisirt und aus demselben eine allgemeine Rechtsstellung herleitet, während Ursprung, Charakter und Verfassung jener Institute höchst verschieden sind und die Aufstellung derartiger allgemeiner Qualitäten ausschließen. In dem positiven Recht ist die Befugniß zur Benutzung öffentlicher Beamten allerdings in gewissem Umfang für die Gebäudeversicherung, noch aus der Zeit her wo auch die fraglichen Unternehmungen dafür bevorrechtet waren, begründet; für die Mobiliarversicherung dagegen besteht mindestens in Preußen kein gesetzliches Anrecht gleichen Inhalts. Die ganze Frage würde nun ja eine weniger brennende sein, wenn das Verhältniß nicht schwere Uebelstände in sich schlösse. Es muß doch wohl jedem Blick, der eben nicht durch das Interesse getrübt ist, von vorn herein klar sein, daß die Ausübung einer werbenden Geschäftsthätigkeit sich mit einem Amte, welches polizeiliche Functionen einschließt, — also beispielsweise dem eines Landraths oder Gemeindevorstandes — schlechterdings nicht verträgt, schon in Hinsicht auf die Untersuchung über die Entstehung von Bränden, ganz besonders aber wenn zu jenen Functionen — wie es in Preußen zur Zeit noch der Fall — auch die Beaufsichtigung des Privatversicherungswesens gehört, der Beamte also dem letzteren gleichzeitig als Organ eines concurrirenden Betriebes und als Obrigkeit gegenübersteht. Die Versuchung, der einen Stellung vermittelst der andern Vorschub zu leisten, ist damit nothwendig und unvermeidlich begründet; von einem solchen Beamten strenge Unterscheidung der Pflichten und gleichsam Verschwiegenheit gegen sich selbst zu fordern, ist undurchführbar. Der Misbrauch der amtlichen Stellung und Autorität zur Förderung der Sozietätsinteressen gegen den Privatbetrieb bildet denn auch seit lange eine der dringendsten Beschwerden des letzteren. Die Preußische Regierung hat sich der Einsicht in die bestehenden Misstände nicht verschlossen und ist denselben theils auf Anregung des Landtags, theils aus eigener Initiative und zur Wahrung der Integrität des Beamtenthums mit wiederholten Verfügungen entgegengetreten, letzteres indeß weder in durchgreifender Weise noch mit merkbarem Erfolg. Das ganze Verhältniß ist einer der anstößigsten Punkte in unseren Assecuranzzuständen. Nichts hat mehr zu der gegenseitigen Verbitterung zwischen dem öffentlichen und Privatbetriebe beigetragen, wie auch die neuerliche, alles Maß übersteigende Anfeindung des letzteren durch Parteigänger des andren Lagers eben in den Kreisen jener mit den Privatanstalten concurrirenden Sozietäten ihren eigentlichen Sitz und die Behauptung des amtlichen Einflusses als Concurrenzmittel zum innersten Kern hat. Ein angemessener und gerechter Austrag des Streites wird schließlich ein Segen für beide Theile sein; er kann aber nur von der Reichsgesetzgebung erwartet werden und fällt auch unzweifelhaft in ihren Beruf. Es handelt sich dabei um nichts weniger als eine Lebensfrage des öffentlichen Betriebes. Wie gesagt stehen die Zwangsanstalten ganz außerhalb der Sache; auch für die übrigen aber ist nicht etwa der Ausschluß aller Beamten von ihrer Vertretung in Frage, sondern nur solcher, deren anderweite Berufsstellung Collisionen mit sich bringt. Die Bestimmung der hier zu ziehenden Gränze erfordert eine eingehende Prüfung concreter Verhältnisse. Wir müssen uns deshalb an dieser Stelle eines präcisen Vorschlags enthalten und beschränken uns auf den allgemeinen Hinweis, daß der Grundsatz, Staats- und Communalbeamte, welche mit polizeilichen Obliegenheiten betraut sind, sowie deren Gehülfen, von der Vertretung — natürlich privater sowohl wie öffentlicher — Feuerversicherungsanstalten auszuschließen, im Wesentlichen das Richtige treffen dürfte. In dieser Richtung hat sich auch das Preußische Abgeordnetenhaus bereits vor längerer Zeit ausgesprochen.

Eine Gesetzgebung, welche dem dermaligen Rechtsstande und den berechtigten Eigenthümlichkeiten der öffentlichen Institute nach den vorstehend entwickelten Gesichtspunkten Rechnung trüge, würde in allem Wesentlichen deren Fortbestand auf den bisherigen Grundlagen in solchem Maße sicher stellen, daß, wie wir meinen, selbst die bayrische Regierung keinen Anlaß finden könnte von ihrem Veto Gebrauch zu machen. Im Uebrigen können die allgemeinen Vorschriften des künftigen Gesetzes, z. B. über Registrirung, Rechnungslegung und Aehnliches, den Organismus und die Selbständigkeit der öffentlichen Institute in keiner Weise empfindlich berühren. Für den Anspruch, ihnen hierin eine grundsätzliche Exemtion vom gemeinen Recht sowie von der verfassungsmäßigen Oberaufsicht des Reiches zuzugestehen, ist selbst aus dem Gesichtspunkt ihrer wahren Eigeninteressen kein vernünftiges Bedürfniß zu erkennen. Ein Reichsgesetz aber, welches diese Position nehmen wollte, würde mit einer Selbstverstümmelung beginnen und die Aufgabe, welche die Verfassung vor Augen hat, zu einem wichtigen Theil ungelöst lassen. Dagegen wird es bei jenen Dingen nicht unerläßlich sein, die öffentlichen Institute mit den privaten nun auch durchweg auf eine Linie zu stellen. Man wird auch da wieder namentlich nach dem Charakter der ersteren zu unterscheiden haben, und insbesondre den reinen Staatsanstalten mit geschlossenem Betriebe weitergehende Rücksichten schenken können. Außerhalb dieser Gattung von Instituten aber und insbesondre soweit freie Concurrenz waltet, kann die gesetzliche Stellung des öffentlichen und Privatbetriebes im Wesentlichen nur auf paritätischer Grundlage in gerechter und befriedigender Weise geordnet werden. Auf das Einzelne in diesen Beziehungen einzugehen finden wir demnächst im Folgenden Gelegenheit*).

4. Das Unternehmen.

Es wird die hervorragendste positive Aufgabe des Reichsversicherungsgesetzes sein: die Rechtserfordernisse einheitlich und zweckentsprechend festzustellen, unter denen fortan Assecuranzunternehmungen in's Leben treten und bestehen können. Vor Allem den vorhandenen Privatanstalten wird dies endlich die langentbehrte Wohlthat bringen, daß sie eines gleichen und nach Maßgabe des Gesetzes gesicherten Rechtsstandes genießen. Auch die Förderung neuer Unternehmungen ist selbstverständlich vom Gesichtskreis des Gesetzgebers nicht auszuschließen; doch sind wir geneigt die praktische Bedeutung dieser Seite wenigstens für die Feuerversicherung geringer anzuschlagen. Für Versicherungsgelegenheit ist hier bei uns im reichsten Maße gesorgt; der durch die Concurrenz, soweit sie nicht gesetzlich ausgeschlossen ist, geschaffene natürliche Preisregulator wirkt mit einer Vollkommenheit, die kaum noch steigerungsfähig erscheint. Neue auf weiteren Umfang berechnete Institute haben schon heute Mühe, sich ohne Mittel, bei denen die Solidität zu kurz kömmt, emporzuarbeiten. Die Zeit für große und starke Neuschöpfungen ist deshalb, wie wir glauben, überhaupt vorüber. Die Vortheile der künftigen Gesetzgebung werden nach dieser Richtung, wenn wir eine Prognose wagen sollen, hauptsächlich beschränkteren Neubildungen auf gegenseitiger

*) Wir werden im weiteren Verlauf die im unmittelbaren Betrieb eines Bundesstaates befindlichen, auf die Gebäudeversicherung beschränkten und dafür mit allgemeinem Beitrittszwang oder Monopol begabten Institute als „Staatsmonopolanstalten", alle übrigen Varietäten von öffentlichen Unternehmungen als „Sozietäten" bezeichnen. Daß diese Benennungen nur näherungsweise der von uns damit verbundenen Unterscheidung resp. dem Herkommen entsprechen, wird nach gegebener Erläuterung entschuldigt werden. Es handelt sich dabei nur um einen gleichbleibenden kurzen Ausdruck für die beiden Hauptgruppen, deren Behandlung im Gesetz nach unserem Dafürhalten eine verschiedene sein muß.

Grundlage zu Gute kommen, für welche augenscheinlich eine gewisse Neigung im Wachsen ist.

Den unter dem gegenwärtigen Concessionssystem herrschenden Zustand haben wir oben geschildert. Es ist eine Praxis der freien Hand: Willkür als Prinzip und als ihr eigenes Correctiv. Was die administrative Laune heute auferlegt oder passiren läßt, kann sie morgen widerrufen. Ueber die Motive ihrer Entschließungen braucht sie weder den Betheiligten noch sich selbst Rechenschaft zu geben; jeder begangene Fehler kann nöthigenfalls durch ein Machtgebot ausgelöscht werden. Für eine Verwaltung, welcher einmal der Beruf gesetzt wird, die Solidität der einzelnen Unternehmungen zu prüfen und zu überwachen, mag dies ja das denkbar bequemste Verhältniß sein; aber es ist das Gegentheil einer rechtlichen Ordnung, und für die Anstalten, welche einen so wichtigen Platz in der Volkswirthschaft ausfüllen, ein schlechthin unwürdiger Zustand des Daseins. Ihr Geschäftsbetrieb erscheint danach überhaupt nicht als Recht, sondern nur als ein auf precarium beruhender zeitweiliger Besitzstand. Das Verlangen nach Reform richtet sich deshalb auch darauf, nicht bloß als bestimmende Macht einen einheitlichen Willen an Stelle der jetzigen Vielheit zu setzen, m. a. W. der einzelstaatlichen eine Reichsconcession zu substituiren, sondern das Prinzip der Concession selbst als ein an sich verwerfliches zu beseitigen.

Wir können es kaum für erforderlich halten, auch die inneren Schwächen dieses Systems, welche hundert Mal dargelegt und durch eine Erfahrung von Menschenaltern erhärtet sind, hier nochmals des Näheren aufzuzeigen. Es beruht — ganz abgesehen von der Frage nach dem Maß wirthschaftlicher Fürsorge, welche überhaupt in der Aufgabe des Gemeinwesens liegt — im letzten Grunde auf einer Ueberschätzung der Macht und Einsicht der öffentlichen Verwaltung. Dieselbe besitzt nicht die Mittel und nicht die Fähigkeit, durch ihre Prüfung die Gewähr zu schaffen, daß die Begründung und Leitung eines Feuerversicherungsunternehmens in zuverlässigen und tüchtigen Händen ruhe und beruhen bleibe, und daß dasselbe auf technischen Grundlagen aufgebaut sei, welche eine günstige Entwickelung und dauernden Bestand verbürgen. Für die sachlichen Momente, welche hierfür in Frage kommen, gibt es überhaupt keine hinlänglich feststehenden und objectiv erkennbaren Normen; die subjectiven aber unterliegen nicht nur mit der Person dem Wandel, sondern sind auch bei Gesellschaften, um die es sich doch allein handelt, kaum greifbar.

Mit Recht hat man daher gesagt, daß der Staat einer Verantwortung, der er nicht zu genügen vermöge, sich auch nicht aussetzen und dadurch den trügerischen Schein einer in Wahrheit nicht erreichbaren Sicherheit erwecken, daß er nicht durch seine Intervention in dem Einzelnen das Gefühl der eigenen Verantwortung für seine wirthschaftlichen Handlungen herabdrücken und der selbstthätigen Wahrung seiner Interessen entgegenwirken solle. Seitdem überhaupt die Frage einer gemeinsamen Versicherungsgesetzgebung bei uns öffentlich erörtert worden ist, hat denn auch darüber, daß die Concessionspflichtigkeit des Unternehmens aus dem künftigen Recht ausscheiden müsse, nahezu allgemeines Einverständniß bestanden. Die Preußischen Entwürfe von 1869 und sämmtliche aus Fachkreisen hervorgegangenen Arbeiten stellen diesen Gedanken an die Spitze. Das Schreiben des Reichskanzlers will dagegen die Frage noch als eine offene betrachtet wissen. Trotz des Umschwungs, welcher sich in den wirthschaftlichen Ansichten vollzogen hat, vermögen wir uns indeß nicht der Befürchtung hinzugeben, es könne die schließliche Entscheidung zu Gunsten einer so allgemein als verfehlt erkannten Einrichtung fallen und dieselbe noch einmal einer längst gelieferten Erfahrungsprobe ausgesetzt werden.

An die Stelle der Concession soll nun auch nach der Meinung ihrer Gegner nicht eine schrankenlose Freiheit treten, vielmehr der rechtlose Zustand durch einen rechtlich geordneten ersetzt werden. Die Voraussetzungen, unter denen in Zukunft Unternehmungen sich bilden, ihren Betrieb eröffnen und fortsetzen können, sollen im Voraus und allgemein durch das Gesetz bestimmt werden. Auch hinsichtlich des Inhalts dieser Vorschriften, welche man als „Normativbedingungen" zu bezeichnen pflegt, besteht nach einer sehr wesentlichen Richtung Uebereinstimmung der Ansichten. Es ist dies der Grundsatz der Publizität, demzufolge vor Allem die wesentlichen Grundlagen eines Unternehmens in einer für Jedermann zugänglichen Form unter publica fides manifestirt werden sollen. Hierdurch erlangt zunächst derjenige, der zu der Anstalt als Versicherter, bei gegenseitigen Vereinigungen auch als Mitunternehmer, in Rechtsbeziehung steht oder treten will, die Möglichkeit, sich über ihren Rechtsstand in vollkommener und zuverlässiger Weise zu unterrichten; er hat darauf ja schon einen natürlichen Anspruch, dessen Erfüllung ihm nun durch jene Einrichtung formell garantirt wird. Aber die Publizität soll nicht etwa auf diese Interessenten beschränkt, sondern eine schlechthin allgemeine sein, sodaß dadurch der Organismus der Anstalt auch der öffentlichen Discussion und der sachverständigen Kritik erschlossen und unterstellt wird. Mit gutem Grunde wird erwartet, daß hierdurch am sichersten Mängel und Schäden eines Unternehmens aufgedeckt und das Publikum auf die etwa in seiner Benutzung liegenden Gefahren hingewiesen werde.

Jene wesentlichen Grundlagen finden sich bei Versicherungsinstituten, die nur von Collectivpersonen betrieben werden, vor Allem niedergelegt in dem constituirenden Acte, d. i. dem Gesellschaftsvertrag oder den sonstigen statutarischen Satzungen. Sodann aber in den sog. allgemeinen Versicherungsbedingungen, welche bei Gegenseitigkeitsgesellschaften häufig schon im Grundvertrag mit enthalten sind, sonst dagegen in der Regel getrennt nebenher gehen; es ist dies der Inbegriff derjenigen Grundsätze, welche als generelle lex contractus die wechselseitigen Rechte und Pflichten der Vertragsparteien, soweit dieselben nicht bloß accidenteller Natur und durch die Besonderheiten des einzelnen Rechtsgeschäfts bedingt sind, definiren. Mit dem Vorstehenden sind für das Gebiet der Feuerversicherung in der Hauptsache aber auch diejenigen constitutiven Momente erschöpft, deren Bekanntgebung vernünftiger Weise von den Anstalten gefordert werden kann. Sie wie auch die anderen Arten der Sachversicherung besitzen nicht die exacte, wissenschaftlich-mathematische Basis der Lebensversicherung. Es kann deshalb bei ihnen ihrer Natur und Anlage nach nur von einer Publizität ihrer rechtlichen, nicht ihrer technischen Grundlagen die Rede sein, welche letztere der zu dem Ende erforderlichen Präcision und Stetigkeit entbehren. Die früher hie und da, u. A. auch in dem Preußischen Entwurf, für alle Arten von Assecuranzunternehmungen gestellte Forderung einer Publication des Prämientarifs beruht jedenfalls hinsichtlich der Feuerversicherung auf Unkenntniß des Wesens und der Bedeutung dieses geschäftlichen Hülfsmittels. Allerdings besitzt ja auch die Feuerversicherung eine gewisse Summe von Erfahrungsregeln, nach denen die einzelne Anstalt ihre Preisscala construirt. Die letztere unterliegt aber schon im Allgemeinen fortwährender Berichtigung, weil eben die zu Grunde liegenden Thatsachen nicht einem constanten Naturgesetz, wie die menschliche Sterblichkeit, unterstehen und deshalb weder selbst mit gleicher Genauigkeit fixirt, noch mit ähnlicher Sicherheit zur Ableitung fester Regeln benutzt werden können. Ferner influiren auf das einer bestimmten Gattung angehörige Risiko wiederum die verschiedenartigsten

Umstände des einzelnen Falles, örtlicher und zeitlicher, sachlicher und persönlicher Art, welche in der Prämie ihren Ausdruck zu finden haben und eben darum eine individuelle Gefahrschätzung zur Nothwendigkeit machen. Um hierfür den unerläßlichen Spielraum zu gewähren, stellen die Tarife der Feuerversicherungsgesellschaften überhaupt keine festen, sondern dehnbare, nur nach oben und unten begränzte Positionen auf; und auch diese Gränzen unter besonderen Umständen zu über- oder unterschreiten, bleibt vorbehalten. Der Tarif ist also nicht einmal für die Anstalt selbst, geschweige denn nach außen bindend. Daß eine geschäftliche Norm von so schwankender Art sich schlechterdings nicht zur Veröffentlichung eignet, liegt wohl auf der Hand. Die Forderung der Publizität würde unausweichlich zu einer Verflachung des Tarifs in wenige ganz allgemeine Kategorieen mit weitestem Spielraum zwischen Minimum und Maximum führen. Eine derartige Publication wäre aber jedes Werthes entkleidet und würde auch dem gewiegtesten Fachmanne noch nicht die entfernteste Möglichkeit gewähren, Vorsicht oder Leichtfertigkeit der technischen Behandlung und die innere Qualität des Geschäfts zu beurtheilen.

Soweit hiernach in unserem Zweige die Publizität die geschäftlichen Grundlagen eines Unternehmens zu umfassen hat, muß sie selbstverständlich auch für alle an diesen Grundlagen im Laufe der Zeit vorgenommenen Aenderungen Platz greifen. Letztere können erst dadurch Rechtsverbindlichkeit für die Betheiligten erlangen, ohne jedoch die aus geschlossenen Verträgen bereits erworbenen Individualrechte zu schmälern. Es wird weiter vom Gesetz theils durch Formvorschriften, theils durch Strafbestimmungen die nöthige Garantie für Treue und Richtigkeit der zur Oeffentlichkeit zu bringenden Materialien zu schaffen sein.

Wie der ganze Gedanke der Publizität zu den Institutionen unseres Handelsrechts in naher Beziehung steht, so zeichnet letzteres auch bereits die Form derselben vor. Sie wird in nichts Anderem bestehen können als in der Registrirung bei einer öffentlichen Stelle und Bekanntmachung des wesentlichen Inhalts durch letztere. Welche Stelle man für den Zweck in's Auge fassen will, ist im Grunde eine untergeordnete Frage. Ihre einfachste und natürlichste Lösung findet dieselbe aber gewiß in dem Anschluß an bestehende Einrichtungen. Geht man davon aus, daß die eigentliche Registrirung am Domizil des Unternehmens zu erfolgen hat, was uns in der That unerläßlich scheinen will, so bietet sich von selbst und als das Nächstliegende doch wohl dieselbe Behörde, welcher bereits die Führung des Handels- und Genossenschaftsregisters obliegt. Und findet einmal dieser Gedanke Anerkennung, so wird man, wie wir meinen, von selbst darauf geführt, auch für Versicherungsinstitute einfach jene beiden Register zum Organ der Publizität und damit den Registerrichter zur ordentlichen Instanz für die Prüfung des Vorhandenseins der gesetzlichen Erfordernisse zu machen. Auf die Einrichtung eines besondren Versicherungsregisters — wie sie mehrfach in's Auge gefaßt worden ist — kann in der That verzichtet werden. Die auf Actien begründeten Anstalten figuriren als solche bereits im Handelsregister; man wird sie, deren Betrieb auch in Wahrheit den Charakter des Handelsgeschäfts trägt, doch kaum wegen der Besonderheit des letzteren davon ausschließen, noch weniger aber ihnen eine doppelte Registrirung auferlegen können. Es würde sich bei ihnen also überhaupt nur darum handeln, die Eintragung inhaltlich noch auf die allgemeinen Versicherungsbedingungen zu erstrecken. Die gegenseitigen Institute finden dagegen ihren Platz naturgemäß im Genossenschaftsregister. Der äußerliche Umstand, daß das Gesetz, auf welchem die Einrichtung des letzteren beruht, sich auf Versicherungsunternehmungen nicht erstreckt, kann dafür kein Hinderniß bilden. Durch die Verweisung der beiden Gattungen auf verschiedene Register wird ein Uebelstand nicht herbeigeführt; denn das Genossenschaftsregister ist nur ein Theil des Handelsregisters und die Führung beider liegt wohl überall in derselben Hand. Vielleicht aber bringt auch die künftige Gesetzgebung ein allgemeines Gesellschaftsregister. Die Frage nach der Stellung der gegenseitigen Assecuranzgesellschaft im Rechtssystem, insbesondre also ob dieselbe für eine Handelsgesellschaft zu erklären sein wird, braucht u. E. aus Anlaß der Registrirungsvorschriften noch nicht entschieden zu werden; ihre Lösung gehört an sich nicht dem Versicherungs-, sondern dem bürgerlichen Gesetz an. Die gegenseitige Versicherung ist nach dem positiven Recht des Handelsgesetzbuchs zur Zeit allerdings kein Handelsgeschäft. Theoretisch dagegen ist es bestritten, ob die Abwesenheit des speculativen Elementes ihr diesen Charakter nothwendig entziehe, oder nicht vielmehr ihr allgemeiner wirthschaftlicher Zweck, die auch für sie ausgebildeten Rechtsprinzipien und gewöhnlichen Betriebsformen sie doch dazu qualifiziren. Uebrigens würde auch der Charakter des Geschäfts gar nicht nothwendig über die Handelsqualität des Unternehmens entscheiden. Ohne Rücksicht auf jenes sehen wir ja schon jetzt auch die Actiengesellschaft als solche zur Handelsgesellschaft, die Genossenschaft zum Kaufmann gestempelt.

Mit der Registrirung würde, wie das Gesellschaftsrecht daran den allgemeinen Rechtsstand des Unternehmens, insbesondre die Collectivpersönlichkeit mit allen dadurch bedingten bürgerlichen Rechten, Vermögens- und Prozeßfähigkeit, knüpft resp. zu knüpfen hat, so in verwaltungsrechtlicher Hinsicht die Befugniß zum Geschäftsbetriebe begründet sein. Daß die letztere — soweit das einzelne Institut durch seine Satzungen sich nicht selber einen beschränkteren Kreis und Zweck zieht — sich gleichmäßig auf das ganze Reichsgebiet erstrecken muß, ist selbstverständlich. Es ist eben dies eine der allernothwendigsten Reformen im Interesse der größeren Privatunternehmungen und es findet darin nur der Gedanke, der der Ueberweisung des Versicherungswesens an das Reich zu Grunde liegt, einen unerläßlichen Ausdruck. In dem Schreiben des Reichskanzlers ist dieses Postulat denn auch mit der wünschenswerthesten Bestimmtheit anerkannt.

Scheint über die vorstehend erörterten Grundzüge der neuen Gesetzgebung, wie gesagt, kaum noch eine ernstliche Meinungsverschiedenheit zu bestehen, so erheben sich dagegen solche nun bei der Frage: ob die aufzurichtenden Normativvorschriften an der Publizität in der geschilderten Form Genüge nehmen, oder noch weitergehende Anforderungen stellen, insbesondre also auch für einzelne Grundlagen des Unternehmens bindende Regeln geben, dem Gesellschaftsvertrage — abgesehen von den Requisiten der Constituirung — mit Rücksicht auf die besondre Natur der Versicherungsgeschäfte nach gewissen Richtungen einen spezifischen Inhalt auferlegen sollen? Hinsichtlich der Anfangsgrundlagen, auf die wir uns zunächst beschränken, kommt in dieser Beziehung hauptsächlich der u. A. in dem Preußischen Entwurf von 1869 und sonst mehrfach vertretene Gedanke in Betracht, das Vorhandensein von Betriebsmitteln in bestimmter Höhe zu verlangen. Im Gebiete der Feuerversicherung vermögen wir uns jedoch im Allgemeinen nicht für eine derartige Vorschrift zu erklären. Schon ein Blick auf die große Mannichfaltigkeit der bestehenden Unternehmungen und ihre Entstehungsgeschichte lehrt, daß es für jenen Punkt an jedem absoluten wie relativen Maßstab gebricht. An dem Bildungstrieb des Lebens muß hier die Kunst des Gesetzgebers scheitern. Jeder Versuch, der Forderung einen zahlenmäßigen Ausdruck zu geben, ist rein arbiträr, würde hier nichtssagend sein, dort geradezu schädlich wirken. Das Gesetz kann nur dafür sorgen, daß über die Grundlagen des Unternehmens keine Täuschung eintrete; eine Garantie zu schaffen, daß diese Grundlagen ausreichende und sichere seien, was ja durchaus von der Gestalt des Unternehmens abhängt, liegt außerhalb seiner Macht und deshalb auch seines Berufs. Die Kapitalgesellschaften tragen eine gewisse Gewähr in sich selbst. Die Gefahr, daß dergleichen in zu geringem Maßstab und mit zu schwachen Mitteln in's Leben gerufen würden, ist eine entfernte; denn die Feuerversicherung als werbendes Geschäft kann überhaupt nicht in kleinen Dimensionen betrieben werden, da das Wagniß für die Unternehmer ein unverhältnißmäßiges sein und im Publikum das Vertrauen fehlen würde. Erscheinungen, welche eine derartige Tendenz verriethen, sind bisher kaum zu Tage getreten. Die Bestimmung einer Minimalhöhe des Actienkapitals scheint uns danach zum Mindesten entbehrlich. Daß ein gewisser Theil des Kapitals alsbald effectiv zusammengeschossen wird, liegt in der Natur der Sache und ist positive Vorschrift für alle Actiengesellschaften. Nach dem Handelsgesetzbuch Art. 209a soll derselbe bei Versicherungsunternehmungen höher als bei andren sein und nicht unter 20 Prozent betragen. Inwieweit damit das Richtige getroffen ist, wird überhaupt schwer zu sagen sein. Umsoweniger scheint, da dies einmal geltendes Recht ist, wohl auch eine Aenderung angezeigt. Die Bestimmung würde ihre Singularität verlieren, wenn etwa die Revision des Actienrechts dieselbe Quote allgemein statuiren sollte. Eine größere Bedeutung hat die Frage allerdings bei gegenseitigen Unternehmungen. Im Interesse ihrer Theilhaber und ihres Bestandes wäre es in der Regel gewiß zu wünschen, daß ihnen von Anfang an ein entsprechender Wirthschaftsfonds zu Gebote stände, um nicht bloß die Einrichtungskosten zu bestreiten, sondern auch für die Deckung der ersten Verbindlichkeiten nicht allein auf die Beiträge der noch wenig zahlreichen Genossenschafter angewiesen zu sein. Indeß mit einem minimalen Betrag ist zu dem Ende natürlich nichts gedient. Will man aber in der Anforderung soweit gehen, daß eine wirkliche und namhafte Garantie hergestellt wird, so wird die Anwendung der gegenseitigen Form für Neubildungen außerordentlich erschwert und die Privatunternehmung immer ausschließlicher auf den Weg der Kapitalassoziation gedrängt werden. Wer würde sich finden, um jene Summen zu wagen, deren Verlust im ersten Stadium der Entwickelung eine keineswegs fern liegende Gefahr wäre, während ihm doch keine Aussicht auf entsprechenden Gewinn im Glücksfalle gegenübergestellt werden kann? Wir verstatten uns hier auf das Beispiel der Gothaer Bank hinzuweisen. Die Handelshäuser der Thüringischen Städte, welche dieselbe im Jahre 1820 in's Leben riefen, brachten unter sich zur Bestreitung der Einrichtungskosten einen Fonds von wenig über 1000 Thaler zusammen, welcher für diesen Zweck ausreichte und ihnen von den späteren Versicherten mit Leichtigkeit zurückerstattet wurde. Hätte damals ein Gesetz, wie es der Preußische Entwurf von 1869 wollte, vorweg die Aufbringung eines Garantiekapitals von 100,000 Thaler gefordert, so würde das Institut unzweifelhaft nicht zum Dasein gekommen sein. Wir sehen daher, soll nicht die Zukunft der Gegenseitigkeit geschädigt werden, nur die Möglichkeit, die erste Ausstattung neuer Unternehmungen der freien Bestimmung ihrer Begründer im einzelnen Fall zu überlassen. Weniger lehnen wir den Gedanken ab, für die Errichtung von Gegenseitigkeitsanstalten eine gewisse Minimalbetheiligung nach Personenzahl und Versicherungssumme vorzuschreiben. Es würde damit dem Unternehmen von Anbeginn an ein gewisses Maß innerer Stärke verliehen sein, welches wir höher anschlagen als eine finanzielle Fundirung. Bezüglich der zu ziehenden Gränze dürfte der Gesetzgeber nicht zu ängstlich sein; denn die Begünstigung allzu kleiner und schwacher Vereinigungen kann ihm nicht am Herzen liegen. Zahlen in Vorschlag zu bringen unterlassen wir; jede Bestimmung bleibt auch da willkürlich*).

Es ist hier der Ort, um noch mit zwei Worten unsere Ansicht über das Verhältniß des Versicherungsgesetzes zum Gesellschaftsrecht auszusprechen. Der Assecuranz sind besondere Gesellschaftsformen nicht eigenthümlich; die von ihr angewandten dienen zugleich den verschiedenartigsten anderen Unternehmungen. Dies gilt insbesondere

*) Die Kleinbildung tritt seit einiger Zeit namentlich in berufs- und standesgenossenschaftlicher Abschließung auf. Dergleichen Verbände können in zweckmäßiger Anlehnung an ein größeres Institut nützlich und vortheilhaft functioniren. Auf sich allein gestellt bilden sie dagegen keineswegs die vollkommenste Klasse von Unternehmungen. Sie entbehren der Ausgleichung, welche sich bei großen Anstalten mit gemischter Theilhaberschaft auch unter den verschiedenen Gefahrgruppen vollzieht, und bleiben stärkeren Schwankungen ausgesetzt. Ihre Selbstwirthschaft entschlägt sich der Vortheile der Arbeitstheilung, welche der Betrieb der Assecuranz als besonderes Geschäft einschließt. Mit ihren Erfahrungen beginnen sie in der Regel so gut wie von vorn; Umfang und Anlage befähigen sie aber auch wenig, daraus mit der Zeit eine wirkliche Sachkunde zu entwickeln.

auch von der Gegenseitigkeit; denn sie ist ja nichts Anderes, als das auf die Versicherung angewandte genossenschaftliche Prinzip der Selbsthülfe. Das gemeine Recht der Privatgesellschaften hat seine Regelung an sich im bürgerlichen Gesetzbuch zu finden. Das Handelsgesetzbuch, sowie das Genossenschafts- und Hülfskassengesetz haben aber davon gewisse Theile vorweggenommen. Die letzteren beiden sind reine Spezialgesetze; sie ordnen allgemeine Grundsätze des Genossenschaftsrechts nur in unmittelbarer Anwendung auf bestimmte Arten von Unternehmungen, von denen wiederum bloß die Hülfskassen in das Gebiet der Versicherung einschlagen. Das Handelsgesetzbuch hat dagegen wirklich ein gemeines Recht der reinen und gemischten Actiengesellschaft aufgerichtet und dabei zugleich das spezifische Gebiet der unter dieser Form betriebenen Versicherungsunternehmungen nebensächlich gestreift, indem es für den Actienbetrag und die obligatorische Baareinzahlung höhere Minima festsetzt. Alle übrigen Spezialien ließ es mit dem Vorbehalt staatlicher Genehmigung für den Gegenstand des Unternehmens bisher der landesrechtlichen Regelung offen. In diese Lücke gemeinsamer Rechtsbildung hat nach der Verfassung durch das Versicherungsgesetz künftig gleichfalls Reichsrecht einzutreten. Die Aufgabe jenes Gesetzes auf dem gesellschaftlichen Gebiete ist uns nach dem Gesagten nicht zweifelhaft. Sie kann nicht eine umfassende Gestaltung des Rechts der Versicherungsgesellschaften einbegreifen, sondern nur die Festsetzung derjenigen Besonderheiten, welche der Charakter der Versicherungsgeschäfte und die dabei in Frage kommenden öffentlichen Interessen mit sich bringen. Diese Bestimmungen charakterisiren sich nach den ihnen zu Grunde liegenden Motiven im Wesentlichen als publicum jus und stehen schon insofern über den lediglich civilistischen Vorschriften des Gesellschaftsrechts. Wir leiten daraus, zur Beantwortung der in dem Schreiben des Reichskanzlers aufgeworfenen Frage, die Folgerung ab, daß nicht nur kein Grund besteht, dem Versicherungsgesetz die Reform des Actienrechts vorangehen zu lassen, sondern daß — soweit nicht etwa eine gleichzeitige Erledigung in's Auge gefaßt werden kann — im Gegentheil jenem die Priorität von Rechtswegen gebührt. Und lediglich das Nemliche muß auch gelten in dem Verhältniß zur definitiven Gestaltung eines allgemeinen Genossenschaftsrechts, als der künftigen Grundlage gegenseitiger Gesellschaften.

Dagegen nöthigt nun allerdings die eigenthümliche Lage der letzteren zu sofortigen Bestimmungen, welche über die für den Inhalt des Versicherungsgesetzes soeben gezogene Gränzlinie hinausgehen. Wir zeigten schon oben, wie die gesellschaftliche Verfassung derselben zur Zeit nicht allein jeder einheitlichen Rechtsbasis, sondern zu allermeist selbst einer landesgesetzlichen Regelung entbehrt. Die juristische Persönlichkeit kann ihnen fast überall nur durch Verleihung im Wege des Privilegs erworben werden, was, wie mit Recht hervorgehoben worden ist, schon um deswillen nicht fortbestehen darf, weil es nur die Concessionspflicht unter anderer Form aufrecht erhalten würde. Zahlreiche der bestehenden kleineren Gegenseitigkeitsvereine, gerade im Gebiete der Feuerversicherung, entbehren zur Zeit thatsächlich jener Qualität, welche aber der ganzen Gattung im Interesse eines gesicherten Rechtsstandes des einzelnen Unternehmens unentbehrlich ist. Soll nun künftig auch hier die öffentliche Registrirung an die Stelle treten, so würden doch deren Formen und Rechtswirkungen gar nicht allgemein zur Anwendung kommen können, ohne daß wenigstens eine gewisse Gemeinsamkeit von Grundsätzen auch für die Formation der Gesellschaften hergestellt und dadurch namentlich Sorge getragen wird, daß die nothwendigsten Requisite für die Bildung einer geordneten universitas erfüllt sind. Es ist daher eine ganz dringende Aufgabe der Reichsgesetzgebung, sobald sie einmal an die Regelung des Versicherungswesens herantritt, dem geschilderten Nothstande, wenn auch zunächst nur durch ein Provisorium, abzuhelfen, indem sie wenigstens die Grundzüge eines Gesellschaftsrechts für gegenseitige Unternehmungen feststellt. Ueber das Materielle können, wie wir glauben, Meinungsverschiedenheiten kaum zu Tage treten. Es handelt sich um die Feststellung der Essentialien des Gesellschaftsvertrags in dem Sinne, daß nur vorzuschreiben ist, was er zu ordnen hat, nicht wie. In den Bestimmungen des Actienrechts und des Genossenschaftsgesetzes finden sich dafür schon die Hauptlinien vorgezeichnet; die Natur der Sache ergibt das Uebrige fast von selbst. Die hauptsächlichen allgemeinen Punkte würden sein: Form des Vertrags, Firma und Sitz, sachlicher und räumlicher Umfang des Unternehmens, Vertretung nach außen, Rechnungswesen, Auflösung. Mit der besonderen Natur des gegenseitigen Vereins hängen zusammen: innere Verfassung, insbesondere die Formen der genossenschaftlichen Selbstverwaltung und Repräsentation, Aufbringung der ersten und der fortlaufenden Deckungsmittel, Ein- und Austritt der Mitglieder, Haftpflicht derselben und Vertheilung der Ueberschüsse. Diese Grundzüge würden, wie gesagt, nur eine interimistische Geltung bis zur Regelung des gemeinen Rechts der Genossenschaft besitzen. Wir stellen zur Erwägung, ob man sie nicht am besten von vornherein auch formell aus dem Versicherungsgesetz ganz ausscheiden und zum Inhalt eines gleichzeitigen Nothgesetzes machen würde. Sie würden nur Anwendung zu leiden brauchen auf neue Unternehmungen und solche bestehende, welche nicht bereits nach Landesrecht die juristische Persönlichkeit besitzen. Diejenigen, bei denen letzteres der Fall, würden davon zunächst nicht betroffen werden und ihre Satzungen, soweit nöthig, erst dem künftigen gemeinen Recht zu accommodiren haben.

Die Vorschriften des Gesetzes über die Publizität der Rechtsgrundlagen haben unmittelbar und in vollem Umfange auch auf die bereits bestehenden Institute Anwendung zu leiden. Wir nehmen hiervon, gemäß der oben ausgesprochenen Ansicht, lediglich die Staatsmonopolanstallen aus. Ihre Verhältnisse sind überall und für den ganzen Bereich ihrer Wirksamkeit durch Landesgesetz geordnet und ist schon hierdurch für volle Oeffentlichkeit Sorge getragen. Dagegen können wir keinen irgend haltbaren Grund erblicken, warum die Sozietäten von jenen Vorschriften eximirt bleiben sollten. Die Betriebsform eines Unternehmens kann das Bedürfniß der Publizität seiner Grundlagen an und für sich nicht vermindern. Auch eine öffentliche Verwaltung schließt Mängel und Misbräuche nicht aus; ihre Verpflichtung zur Manifestation ist keine geringere als bei Privatinstituten. Die Publizität aber, welche die Sozietäten bisher von freien Stücken ihren reglementarischen und sonstigen Satzungen gegeben haben, ist vielfach eine weit unvollkommenere als bei vielen Privatanstalten. Sie pflegen nicht allgemein, wie diese, ihre Versicherungsbedingungen jedem einzelnen Versicherten in die Hand zu geben. Ihre Bekanntmachungen muß man in Amtsblättern und dergleichen Quellen mühsam zusammensuchen; nicht selten ist darüber kaum noch nachzukommen und namentlich der einzelne Versicherte gar nicht im Stande, sich über das was sein Recht ist zu belehren. Auch ist die Behauptung unstatthaft, die Einrichtungen aller dieser Institute seien von einer so unanfechtbaren Vollkommenheit, daß die öffentliche Kritik an ihnen keinen Gegenstand mehr finde. Wird aber einmal eine bestimmte Form der Oeffentlichkeit vom Gesetz geschaffen, so ist die Forderung gewiß berechtigt, daß sie auch überall da Anwendung finde wo nicht — wie bei der von uns zugelassenen Ausnahme — dem Zwecke durch eine andre Einrichtung in wirklich gleichem Maße genügt ist.

Das Rundschreiben des Reichskanzlers regt die Frage an, inwieweit gegenseitige Unternehmungen von ganz beschränktem localen Umfang unter das Gesetz zu ziehen seien oder nicht. Wir glauben indeß, daß jedenfalls für unseren Zweig eine Ausscheidung derselben schon an der Schwierigkeit der Gränzbestimmung scheitern würde. Die gesetzlichen Anforderungen, welche wir vertreten, sind derartige, daß auch jene Kleingebilde ihnen ohne bemerkenswerthe Unbequemlichkeit genügen können, und es wäre danach kaum abzusehen, warum für sie wieder besondre Bedingungen und Formen geschaffen werden sollten. Wenn aber im Uebrigen durch die Registrirung in Verbindung mit den sonstigen Vorschriften darauf hingewirkt wird, daß auch ihnen eine geordnete Rechtsgrundlage gegeben wird, deren sie jetzt recht häufig entbehren, so wird ihnen damit lediglich eine Wohlthat erwiesen. Voraussetzung ihrer Unterordnung unter das Gesetz ist natürlich, daß sie sich überhaupt noch als Versicherungsunternehmungen charakterisiren. Hinsichtlich der Feuerversicherung wird diese Thatfrage aber wohl kaum jemals zu Zweifeln Anlaß geben.

Damit, daß das Gesetz für die ausschließlich der Rückversicherung dienenden Institute keinerlei Fürsorge zu treffen hat, wird man sich wohl allerseits einverstanden erklären. Sie üben gar keinen selbständigen Betrieb aus, stehen mit dem Publikum nicht in Verkehr und stellen überhaupt nur Hülfsunternehmungen der eigentlichen Assecuranz dar. Die Ausbildung ihrer Rechtsverhältnisse kann daher in Abwesenheit jedes öffentlichen Interesses ohne alles Bedenken der Privatwillkür überlassen werden.

Dagegen bietet endlich die Behandlung ausländischer Unternehmungen allerdings noch ihre besondren Schwierigkeiten. Auf dem Felde der Feuerversicherung spielt in Deutschland ihr unmittelbarer Geschäftsbetrieb im Ganzen keine hervorragende Rolle mehr. Früher auch hier mächtig, sind sie nach und nach durch die eigene Kraft der erstarkten einheimischen Unternehmungen zurückgedrängt worden. Manche haben sich im Laufe der Zeit ganz zurückgezogen. Heute finden wir sie namentlich noch in den Seeplätzen, im industriellen Geschäft, und französische überwiegend in den Reichslanden. Der Schutz der nationalen Arbeit kann hier keinen Gesichtspunkt für den Gesetzgeber abgeben. Einer besondren Erleichterung scheint indeß das internationale Geschäft, dem gewisse Schattenseiten nothwendig anhaften, auch nicht werth. Einige besondre Anforderungen nun, welche für den unmittelbaren Geschäftsbetrieb fremder Institute zu stellen sind, ergeben sich aus dem Verhältniß von selbst und sind kaum bestritten. Dahin gehört, daß sie im Reichsgebiet ein bestimmtes Domizil zu wählen, daselbst eine bevollmächtigte Vertretung zu bestellen und aus inländischen Verträgen Recht zu nehmen, sich auch denselben formalen Vorschriften wie die einheimischen Unternehmungen, insbesondre also der Registrirung zu unterwerfen haben. Ihr Status wird natürlich durch die Gesetzgebung ihres Heimathsstaates bestimmt. Dieser Punkt ist neuerdings mehrfach zum Gegenstand völkerrechtlicher Stipulationen gemacht worden; u. A. hat das Deutsche Reich mit Italien, Belgien und Großbritannien Abmachungen getroffen, wonach jeder der contrahirenden Theile die in dem andren Gebiete zu Recht bestehenden Handels- und ähnlichen Gesellschaften auch in dem seinigen ohne Weiteres als Rechtspersönlichkeiten anerkennt. Den kritischen Punkt bildet die Frage: ob die Zulassung fremdländischer Gesellschaften abhängig gemacht werden soll von der Vollstreckbarkeit der im Inland gegen sie ergehenden Urtheile in dem Heimathsstaat? Offenbar gewährt nur Dieses den Ansprüchen der Versicherten wirkliche und volle Rechtssicherheit; weder eine Cautionsleistung noch eine persönliche Haftung des Generalbevollmächtigten kann dafür Ersatz bieten. Jene Zulassungsbedingung erscheint daher auf den ersten Blick durchaus gerechtfertigt und wünschenswerth. Auch dieser Punkt kann aber nur im Wege des Staatsvertrags befriedigend geordnet werden. Solche Rechtshülfeverträge bestehen zwischen dem Deutschen Reich und andren Staaten noch gar nicht; ihrem Abschluß stehen mancherlei Hindernisse und Anstände entgegen. Die Erfüllung der Bedingung hängt daher nicht von den Gesellschaften ab und wird leicht zur Unmöglichkeit werden. Die gegenwärtig bereits zugelassenen fremden Institute würden dann genöthigt sein, sich aus Deutschland zurückzuziehen; würden sie deshalb auch vielleicht nicht ohne Weiteres ihre daselbst laufenden Verträge im Stiche lassen, so läge doch schon in der bloßen Einziehung der Vertretung für die Versicherten ein großer Nachtheil. Die Gefahr ist zwar gerade bei der Feuerversicherung eine minder schwere, da hier langsichtige Verträge mit Vorauszahlung für die ganze Zeit verhältnißmäßig selten sind und die Gewährung einer geräumigen Frist größerem Schaden vorbeugen könnte. Anders aber liegt die Sache bei der Lebensversicherung. Die hier obwaltenden Rücksichten auf die Interessen der Versicherten werden daher voraussichtlich für die Entscheidung der Frage den Ausschlag zu geben haben. Erfolgt dieselbe dahin, daß von jener

Bedingung abzusehen sei, so halten wir dies aus dem Gesichtspunkt für sehr wohl vertretbar, daß, wer mit dem Bewußtsein mangelnder Rechtssicherheit sein Interesse einer ausländischen Compagnie anvertraut, dies eben auf seine Gefahr thut und keinen Anspruch auf besondren Schutz besitzt.

---

5. Die Geschäftsführung.

Wir haben uns im vorigen Abschnitt der Hauptsache nach nur mit den Erfordernissen der Begründung und dem allgemeinen Rechtsstand der Unternehmungen beschäftigt. Die Aufgabe des Gesetzes ist jedoch keineswegs hierin beschlossen. Vielmehr bietet nicht minder die Geschäftsführung wichtige Seiten dar, deren übereinstimmende Regelung durch Normativvorschriften ebenso zulässig wie geboten ist. Auch hier finden wir zunächst ein Gebiet, auf welchem sich eine annähernde Harmonie der Ansichten bereits hergestellt hat.

Der Gedanke der Publizität als Kern der künftigen Gesetzgebung wird erst zum System, wenn er über die Geschäftsgrundlagen hinaus auch auf die fortlaufende Geschäftsbewegung erstreckt wird. Thatsächlich steht er hier bereits vielfach — nach Landesgesetz, Concessionsbedingungen, statutarischem Recht oder geschäftlicher Uebung der Gesellschaften — in Geltung; aber es fehlt an Gleichmaß, Vollständigkeit und allgemein verpflichtender Vorschrift. Gemeinrechtlich ist die Pflicht zur periodischen öffentlichen Rechnungslegung nur für Actienunternehmungen durch das Handelsgesetzbuch begründet. Sie wird auf alle dem Versicherungsgesetz unterstehenden Gattungen von Instituten zu erstrecken, aber auch ihrem Inhalte nach wesentlich weiter, als es das Handelsgesetz thut, zu normiren sein. Es ist nemlich für eine solche Vollständigkeit Sorge zu tragen, daß die Rechnung eine wirkliche Rechenschaft bildet, d. h. einen klaren Einblick in den zeitlichen Stand des Geschäfts gestattet. Sie muß zu dem Ende eine doppelte Uebersicht liefern: einmal über die Bewegung des Vermögens in Einnahmen und Ausgaben während der Rechnungsperiode, und dann über den Bestand desselben an Activen und Passiven am Schlusse jenes Zeitraums. Die kaufmännische Form bilden dafür: Gewinn- und Verlust-Conto und Bilanz-Conto. Die wichtigsten Posten, welche nach der Natur der Versicherungsgesellschaften und des Versicherungsgeschäfts auf diesen Conten zu figuriren pflegen, hat das Gesetz schematisch festzustellen, was leicht ausführbar ist und wofür brauchbare Vorarbeiten bereits vorliegen. Die Rechnung muß ferner über den Versicherungsbestand im Laufe sowie am Schlusse der Periode Ausweis liefern. Ein Punkt, der besondre Beachtung verdient, ist die gehörige Trennung des Rückversicherungsgeschäfts, also des unter dieser Form sowohl übernommenen wie übertragenen Risikos.

Für die Aufmachung der Bilanz gibt das Handelsgesetzbuch in Art. 31 und 239a gewisse materielle Vorschriften, die u. E. ohne wesentliche Aenderung auf Versicherungsunternehmungen aller Art zu übertragen sind; insbesondere vermögen wir auch hinsichtlich der Organisationskosten nur den dort sanctionirten strengeren Grundsatz gutzuheißen, wonach dieselben lediglich als Passivum zu behandeln sind. Für Feuerversicherungsinstitute kommt ferner eine Erweiterung jener Vorschriften nach zwei Richtungen in Frage. Zunächst erscheinen hier in Gestalt der bei Schluß der Rechnung noch schwebenden Brandentschädigungen aus der abgelaufenen Rechnungsperiode gewisse, nicht selten zweifelhafte Verbindlichkeiten. Daß auch diese nach ihrem wahrscheinlichen Betrage zu schätzen und einzustellen sind, ist selbstverständlich und allgemein üblich; es zur positiven Vorschrift zu machen erscheint vielleicht nicht unbedingt nothwendig, aber gegenüber den zweifelhaften Forderungen folgerichtig. Der andre Punkt betrifft den sogenannten Prämienübertrag. Die Geldleistung des Versicherten ist der — feste oder vorläufige — Preis der Versicherung für einen abgemessenen Zeitraum. Der letztere deckt sich wenigstens bei den Privatgesellschaften, welche keine bestimmten Bei- und Austrittstermine haben und ihre Prämien im Voraus erheben, in der großen Mehrzahl der Fälle nicht mit dem Rechnungsjahr, sondern läuft aus dem einen Jahr in das nächste, bei längeren Verträgen mit Vorauszahlung selbst weiter über. Die Prämie darf alsdann, von der darauf haftenden Provision abgesehen, nicht in dem Jahre, in dem sie zur Erhebung kommt, aufgebraucht, sondern es muß der sogenannte unverdiente Theil derselben — d. i., wenn wirthschaftlich verfahren werden soll, mindestens ein dem überschießenden Zeitraum proportionaler Theil — auf die folgende Periode übertragen werden, um hier die Deckung für das fortdauernde Risiko und die demselben entspringenden Verluste zu liefern. Das Gesetz wird sich auch hier zu enthalten haben, etwa selbst Grundsätze für diese in der Bilanz als Passivum erscheinende Uebertragung aufzustellen; aber es soll anordnen, daß solche Grundsätze zum Voraus statutarisch festgestellt werden und der Publizität mit unterliegen.

Daß die Verletzung der für das Rechnungswesen gegebenen Vorschriften unter angemessene Strafbestimmungen zu stellen ist, bedarf kaum der Erwähnung. Wir sind neuerdings dem Vorschlage begegnet, eine weitere Garantie für die Einhaltung jener Vorschriften durch die Anordnung herzustellen, daß die Rechnungsabschlüsse von verpflichteten Revisoren zu prüfen und mitzuvollziehen seien*). Wir verstehen diesen Vorschlag — dessen Inhalt manche Institute sich bereits von freien Stücken zur Pflicht gemacht haben — dahin, daß jene Revisoren zwar von den Gesellschaften, am richtigsten wohl von der Repräsentanz der Unternehmerschaft, angestellt, aber öffentlich in Eid und Pflicht genommen werden, und nicht bloß die Hauptrechnung, sondern als ständige Organe fortlaufend das gesammte Rechnungswesen der Anstalten zu controliren haben. Der Gedanke ist unzweifelhaft ein sehr beachtenswerther; wir stehen nicht an, demselben beizupflichten. Für die Veröffentlichung der Rechnungsabschlüsse bedarf es sodann der entsprechenden formellen Vorschriften. Die Bekanntmachung in Gemäßheit derselben kann aber nur unmittelbar durch die Anstalten selbst erfolgen. Die Frage, ob daneben auch noch eine Deponirung hergehen solle, sind wir geneigt nur in beschränktem Sinne zu bejahen. Eine Einreichung und Eintragung bei der Registerbehörde geht über die der letzteren nach dem bisherigen Handels- und Genossenschaftsrecht gesteckte Aufgabe hinaus. Eine sachliche Cognition ist an dieser Stelle natürlich ausgeschlossen. Einen praktischen Nutzen vermögen wir von der Registrirung hier, wo es sich nur um Acte von vorübergehender Bedeutung handelt, nicht recht abzusehen, wennschon andererseits derselben auch kein dringendes Bedenken entgegenstehen könnte. Dagegen nehmen wir eine Einreichung der Rechnungsabschlüsse in beglaubigter Form bei der Centralstelle in Aussicht, wovon später. Will man den Betheiligten gegenüber an der bloßen Veröffentlichung nicht Genüge nehmen und ein Uebriges thun, so ließe sich noch die Auslegung des Rech-

*) S. den oben citirten Aufsatz in Hirth's „Annalen", S. 152.

nungsabschlusses bei jeder Agentur zur Einsicht der Versicherten vorschreiben. Auch dies befolgen manche Institute schon von freien Stücken; ja die größten Gegenseitigkeitsgesellschaften fertigen sogar jedem einzelnen ihrer Theilhaber einen Abdruck ihres Jahresabschlusses zu, womit die Publizität innerhalb der eigentlichen Interessentschaft wohl in dem denkbar vollkommensten Grade gewahrt erscheint.

Soll nun aber, und eventuell in welchem Umfange, über das vorstehend besprochene Gebiet hinaus das Gesetz für die Geschäftsführung der Anstalten bestimmte Normen aufstellen, oder gar der öffentlichen Verwaltung eine Einflußnahme zugewiesen werden? Es ist hierbei ganz besonders daran zu erinnern, daß die öffentlichen Interessen, auf deren Schutz allein eine solche Einmischung abzielen könnte, bei den verschiedenen Versicherungszweigen nicht von gleichem Gewichte sind. Sie treten besonders in den Vordergrund bei der Lebensversicherung, sind aber im ganzen Gebiete der Sachversicherung von sehr viel geringerer Bedeutung. Wir vermögen nach der Gränze, die wir unserer Darstellung gezogen haben, nicht weiter zu untersuchen, inwiefern ein vollständiger Parallelismus hier wird aufrecht erhalten werden können, sondern können unserer Meinung wiederum nur für den Bereich der der Feuerversicherung dienenden Unternehmungen Ausdruck geben.

Es ist gewiß vollkommen in der Ordnung, wenn das Gesetz vorschreiben will, daß der Gesellschaftsvertrag die zu beobachtenden allgemeinen Grundsätze über Belegung und Verwaltung der Fonds aufstellen, sowie daß die jährliche Bilanz selbst oder in einer Anlage einen speziellen Nachweis über die vorhandenen Activen liefern soll. Es können und dürfen auch diese Dinge, deren hohe Bedeutung für die Beurtheilung der Vertrauenswürdigkeit und des zeitweiligen Standes eines Unternehmens einleuchtet, nicht Gegenstand der Geheimhaltung sein, sondern die Anstalt schuldet darüber ihren Betheiligten volle Offenheit. Und soll einmal die Publizität zum Mittelpunkt der Gesetzgebung gemacht werden, so muß man sie auch ganz und mit allen ihren Consequenzen wollen. Indem wir dies ohne Rückhalt aussprechen, müssen wir uns nun aber ebenso entschieden gegen jeden gesetzgeberischen Versuch erklären, die Anstalten in der Anlegung ihrer Fonds auf bestimmte Klassen von Werthen zu beschränken. Wir bestreiten ebenso das Bedürfniß wie den Nutzen einer derartigen Vorkehrung. Es handelt sich bei der Feuerversicherung nicht um ein Geschäft, bei dem der Einzelne der Anstalt fortlaufend seine Ersparnisse auf eine unabsehbare Zeit anvertraut, um damit eine in unbestimmter Zukunft liegende, sonst aber gewisse Gegenleistung zu erkaufen, deren Erfüllung eben nur durch treue und pflegliche Verwaltung der Einlagen in der oft sehr langen Zwischenzeit sichergestellt werden kann. Die Feuerversicherung lebt in gewissem Sinne von der Hand in den Mund. Die Regel bildet der einjährige Vertrag und auch bei längerem Abschluß wiederum die jährliche Prämienentrichtung. Der Fall der Gegenleistung tritt für die große Mehrzahl der Versicherten überhaupt nicht, wo es geschieht binnen kurzer Frist nach der eigenen Zahlung ein. Der Fonds der Anstalt, soweit er sich aus den aufkommenden Prämien bildet, wird zum überwiegenden Theil innerhalb einer Jahresperiode aufgewirthschaftet. Insbesondre gilt dies auch von dem oben schon berührten Prämienübertrag. Dazu tritt ferner die Eigenthümlichkeit des Risikos, welches keinem festen Gesetz, sondern in starkem Maße dem Zufall unterliegt. Der Versicherer muß jeden Augenblick auf außergewöhnliche Verluste gefaßt und dann in der Lage sein, bedeutende Summen rasch flüssig zu machen. Daher die Nothwendigkeit für größere Institute, stets ansehnliche Beträge bei Bankhäusern oder in Disconten momentan verfügbar zu halten. Die Vermögensanlage hat hiernach zu einem großen Theil nur einen vorübergehenden, im Ganzen einen wenig stabilen Charakter, erfordert freie Bewegung und verträgt keine Reglementirung nach Gesichtspunkten, die sich gesetzlich normiren lassen. Der Preußische Entwurf von 1869 hatte dies unternommen; daß er aber auch gerade hierin durchaus verfehlt war, ist nahezu allgemein anerkannt.

Eine weitere, auch in dem Schreiben des Reichskanzlers berührte Frage ist die: inwieweit etwa den Versicherten eine Einflußnahme auf die Geschäftsführung der Anstalt einzuräumen und gesetzlich zu verbürgen sei? Es wird hierbei aber doch immer und nothwendig zwischen Kapitalgesellschaften und gegenseitigen unterschieden werden müssen. Bei den ersteren stehen sich nun einmal Versicherer und Versicherungsnehmer lediglich als Vertragsparteien mit rechtlich streng getrennten Rollen gegenüber. Daß es sich mit diesem Rechtsverhältniß sehr wenig vertragen würde, die Geschäftsführung des Unternehmers in irgend welchem Umfange einer Einwirkung seiner Clientel unterzuordnen, scheint uns unbestreitbar. Allerdings haben Actiengesellschaften mehrfach vertragsmäßig einzelnen, zu engeren Verbänden vereinigten Gruppen ihrer Versicherten eine gewisse Mitwirkung an der Führung der Geschäfte dieser Verbände eingeräumt; es sind dies Mischbildungen, welche gewisse Elemente der Gegenseitigkeit auch für das speculative Unternehmen nutzbar zu machen suchen. Derartige Einrichtungen aber können nur der freien Initiative der Betheiligten überlassen werden. Sie den Unternehmungen für die Gesammtheit ihrer Versicherten aufzunöthigen halten wir für ganz unausführbar. Im Uebrigen liegt die berechtigte Einwirkung der Versicherungsnehmer in der Vertragsfreiheit. Es kann daran um so mehr Genüge genommen werden, als diese Freiheit hier dem Einzelnen der Regel nach ja nach kurzer Zeit zurückgegeben wird, und von ihm jeden Augenblick zurückerworben werden kann, wenn er für den Rest der Vertragszeit die Prämie drangibt und auf die weitere Garantie seines bisherigen Versicherers verzichtet.

Anders steht die Sache natürlich bei den gegenseitigen Instituten, wo die Versicherten zugleich als die Unternehmer erscheinen, für deren Rechnung der Betrieb stattfindet. Hier liegt schon in diesem Moment eine fortlaufende Einflußnahme derselben auf die Verwaltung naturgemäß und nothwendig begründet. Die Gesammtheit kann dabei allerdings höchstens bei ganz kleinen örtlichen Vereinen unmittelbar in Wirksamkeit treten; in allen anderen Fällen muß eine Repräsentation geschaffen werden. Eine solche ist denn auch wohl überall eingerichtet, wennschon unter sehr verschiedener Gestalt, und ohne daß dieselbe überall direct aus der Theilhaberschaft hervorgeht und sich mit derselben deckt. Bei den öffentlichen Anstalten tritt ein politisches Gemeinwesen dazwischen und ruht auch die Wahrnehmung der Rechte und Interessen der Versicherten bei den betreffenden Landes- oder Communalvertretungen. Nach dem Organismus der Gothaer Bank ist die Vertretung im Anschluß an ihre Begründungsgeschichte ein für alle Mal dem bei ihr versicherten Handelsstande Thüringischer Städte übertragen, welcher aus seiner Mitte den Vorstand der Anstalt bildet und durch diesen die Geschäfte an oberster Stelle leitet resp. überwacht. Bei manchen kleineren Instituten wird die Repräsentanz durch Wahl von der Gesammtheit oder den Höchstbetheiligten der Vereinsmitglieder gebildet. Bezüglich der öffentlichen Institute haben wir uns schon oben dahin ausgesprochen, daß kein Anlaß vorliege, in den organischen Zusammenhang derselben mit den betreffenden Gemeinwesen störend einzugreifen. Auch für private Gegenseitigkeitsvereine hat das Gesetz nichts weiter vorzuschreiben, als daß im Gesellschaftsvertrag auch die Vertretung der Theilnehmerschaft als ein nothwendiger Bestandtheil der inneren Verfassung zu ordnen sei. Dafür jedoch bestimmte Formen aufzustellen, können wir nur widerrathen. Die Erfordernisse sind in der That außerordentlich verschiedene. Es verlangen die innere Anlage, der Umfang des Unternehmens, örtliche Verhältnisse, auch überlieferte Einrichtungen, die, äußerlich vielleicht unvollkommen, sich doch praktisch bewährt haben, ihr Recht. Hierbei in die autonome Rechtsbildung einzugreifen, scheint weder nothwendig noch weise. Insbesondere wäre die Aufnöthigung des Instituts einer Generalversammlung entschieden zu perhorresciren. Sie ist bei größeren Gesellschaften, deren Mitglieder nach Tausenden, ja Hunderttausenden zählen*), über ein weites Gebiet zerstreut sind, unter sich die größten Ungleichheiten der Betheiligung und der Interessen aufweisen und von Sachkenntniß im Durchschnitt wenig oder nichts besitzen, ohne die gewaltsamsten Fictionen überhaupt nicht durchführbar. Thatsächlich würde sie besten Falls eine bloße Formalität sein, leicht aber zum Tummelplatz rein localer Velleitäten und Strebungen werden und dadurch die Interessen der Gesammtheit und den Bestand des Ganzen mit den schwersten Gefahren bedrohen können.

Eine unmittelbare staatliche Beaufsichtigung der Geschäftsführung der Privatanstalten wird nach den Erfahrungen, die damit auf anderen Gebieten gemacht worden sind, heute, wie wir denken, Niemand mehr im Ernste befürworten wollen. Sie ist in unserem Zweige weniger als irgendwo sonst mit Erfolg ausführbar. Unzweifelhaft können ja die Interessen der Versicherten durch die Verwaltung schwer geschädigt werden. Worin aber liegt die Hauptgefahr? Weit mehr als in wirklicher Unredlichkeit, in einer leichtfertigen und unverständigen Geschäftsbehandlung, also auf dem rein geschäftlichen beziehungsweise technischen Gebiete. Das sind Dinge, die für eine Staatsaufsicht ebensowenig erreichbar sind, als das Gesetz oder eine administrative Vorprüfung für die Richtigkeit der allgemeinen Grundlagen eines Unternehmens einstehen kann. Nach jener Richtung eine Verwaltung unter wirksame Controle zu nehmen, würde nicht nur tägliche und stündliche, sozusagen allgegenwärtige Ueberwachung, sondern vor Allem höchste Sachkenntniß erfordern. Bei widerstreitenden Ansichten müßten die bedenklichsten Weiterungen entstehen, schließlich

*) 1879 z. B. bei der Gothaer Bank 178,105, bei der Württembergischen Privatfeuerversicherungsgesellschaft 97,540.

die Aufsicht geradezu zur Geschäftsleitung werden, ohne daß sie selber an feste Regeln gebunden und für ihre Einwirkung die Gewähr der Ersprießlichkeit geboten werden könnte. Die öffentliche Verwaltung kann niemals eine solche Summe von Mühwaltung, noch weniger ein solches Maß von Verantwortung übernehmen. Eine Beaufsichtigung des allerwichtigsten und umfassendsten Theiles der Geschäftsführung ist also schlechthin undenkbar, und es gilt eben einfach gegen die natürlichen Gränzen staatlicher Fürsorge auf dem wirthschaftlichen Gebiete hier die Augen nicht zu verschließen. Was aber bliebe außerdem für eine regelmäßige staatliche Controle überhaupt noch übrig? Allenfalls eine Prüfung der periodischen Rechnungsabschlüsse, zunächst auf ihre äußere Vollständigkeit und Correctheit gegenüber den gesetzlichen und statutarischen Vorschriften, eventuell auf ihre Treue, d. h. auf ihre Uebereinstimmung mit den Büchern und Vermögensbeständen. Ungefähr darauf liefen s. Z. die Vorschläge des Preußischen Entwurfs hinaus. Es würde sich hierbei im ersten Theile um eine wesentlich formale Zuständigkeit handeln, deren praktischer Nutzen aber mehr als problematisch erscheint und die nach außen wiederum nur den Schein einer Sicherheit herstellen könnte. Die Misachtung der Vorschriften für die Aufstellung der Abschlüsse wird das Gesetz mit Strafe bedrohen. Von ihrer Einhaltung der Form nach sich zu überzeugen, wird durch die Veröffentlichung Jedermann in den Stand gesetzt; daß die Prüfung nach dieser äußerlichen Seite noch ausdrücklich von einer Behörde vorgenommen werde, entbehrt des Zwecks, es sei denn bloß um etwaige Verstöße zur strafrechtlichen Verfolgung zu bringen. Weiter aber eine Verifizirung der Abschlüsse, d. h. eine Prüfung ihrer materiellen Richtigkeit durch staatliche Aufsichtsorgane, kann als regelmäßige Einrichtung gar nicht in's Auge gefaßt werden. Sollte sie einen Werth haben, so müßte sie eine vollständige Revision des gesammten Rechnungswesens jeder einzelnen Anstalt für die abgelaufene Geschäftsperiode umfassen; es wäre dies aber eine so riesenhafte Arbeit, daß ein ganzes Heer geübter Beamten darauf gehalten werden müßte. So weitgehende Aufgaben zum Schutze von Einzelinteressen kann sich der Staat nun einmal nicht stecken, thut es auch thatsächlich auf keinem anderen Gebiete. Die Einrichtung einer ständigen Revision zur Verhütung geschäftlicher Unordnung oder wirklicher Unredlichkeiten kann vielmehr nur durch den eigenen Organismus des einzelnen Unternehmens geschaffen werden, wenn auch derselben, wofür wir uns oben aussprachen, in der amtlichen

Verpflichtung des betreffenden Personals zweckmäßig eine öffentliche Stütze geliehen werden mag.

Dagegen begegnen sich unsere Ansichten mit einem neuerdings aufgestellten Gedanken, wonach auf Anrufen einer Mehrzahl von Interessenten wegen gewisser Verstöße der Verwaltung eine administrative Untersuchung soll eingeleitet werden können*). Eine derartige Maßregel kann namentlich im Gebiete der Lebensversicherung unter gegebenen Verhältnissen zur Nothwendigkeit werden. Aber auch im Bereich der Feuerversicherung sind Fälle denkbar — insbesondere bei gegenseitigen Instituten — wo sich vielfältige und große Interessen daran knüpfen können, daß die Gesammtlage einer Gesellschaft durch eine sachverständige Prüfung klar gelegt werde, um vorgefallene Unregelmäßigkeiten oder Schäden allgemeiner Art zu ermitteln und entweder deren Beseitigung in geordnetem Wege herbeizuführen, oder, falls dies nicht mehr möglich sein sollte, die Auflösung des Unternehmens einzuleiten. Die eigene Thätigkeit der Versicherten oder ihrer Vertretung kann sich zu dem Ende, in Ermangelung der erforderlichen Machtmittel und der Voraussetzungen zur Anrufung richterlichen Schutzes, leicht als unzureichend erweisen, und eine Intervention der Staatsbehörde aus dem Gesichtspunkt des allgemeinen Aufsichtsrechts geboten und wohlthätig sein. Man wird sich freilich nicht verhehlen dürfen, daß die Gestaltung der Sache ein schwieriges Problem einschließt. Die entsprechenden Formen zu finden, würde das Leichteste sein; die Untersuchung wäre jedenfalls von der Centralstelle unter Zuziehung von Interessenten und Sachverständigen zu leiten, für das Verfahren würde es nur weniger allgemeiner Regeln bedürfen. Aber die Schwierigkeiten liegen in der Feststellung der Voraussetzungen und noch mehr der Folgen eines solchen Einschreitens. Der Gesetzgeber läuft Gefahr, entweder durch zu arbiträre Bestimmungen im einzelnen Falle Schaden statt Nutzen zu stiften, oder aber durch den Versuch einer streng rechtlichen Ordnung die praktische Wirksamkeit zu beeinträchtigen. Immerhin wird man vor diesen Schwierigkeiten nicht zurückschrecken dürfen. Wir sind auch bereit, bezüglich der Voraussetzungen der Reichsbehörde, die doch bei jedem derartigen Eingriff nothwendig unter dem Bewußtsein ernster Verantwortung stehen wird, einen weiten Spielraum zuzugestehen. Bestimmte Rechtsfolgen dagegen lassen sich u. E. an das Ergebniß

---

*) S. den Aufsatz in Hirth's „Annalen" S. 153.

der Untersuchung überhaupt nur knüpfen, sofern dasselbe noch heilbare Verstöße gegen gesetzliche oder statutarische Vorschriften, oder die Bedingungen einer nothwendigen Liquidation bloßlegt. Liegen die zu Tage tretenden Schäden außerhalb dieser Gränzen, so wird der staatlichen Oberaufsicht eine weitere Einwirkung auf ihre Beseitigung nicht einzuräumen sein, sondern nur eine öffentliche und amtliche Darlegung des Befunds eintreten können.

Wir haben schon zu Eingang angedeutet, wie nach unserer Ansicht ein wesentlicher Theil des dem Versicherten vom Gesetz zu gewährenden Schutzes im Gebiet des Privatrechts liegt. Es sei gestattet einen Punkt wenigstens anzudeuten, der dort die sorgfältigste Prüfung zu verdienen scheint. Rechtswidrige Abweichungen der Geschäftsführung von wesentlichen Vorschriften des Verwaltungsgesetzes und den veröffentlichten Grundlagen des Unternehmens werden im Allgemeinen schon einen Anspruch des einzelnen Versicherten auf Sicherstellung seines bedrohten oder Gewähr seines verletzten Interesses begründen. Es wäre aber weiter zu erwägen, ob und in welchem Umfang daran nicht geradezu ein klagbares Recht auf Aufhebung des Vertrags und ganze oder theilweise Rückgewähr der gezahlten Einlage oder Prämie geknüpft werden sollte.

Wir können in denjenigen positiven Anordnungen, welche nach dem Vorstehenden das Gesetz bezüglich der Geschäftsführung der Anstalten zu treffen hat und die im Wesentlichen hinauslaufen auf Sicherung einer vollständigen und klaren Rechnungslegung, nichts erblicken, was nicht unbedenklich auf alle Unternehmungen — mit alleiniger Ausnahme wiederum der Staatsmonopolanstalten — anzuwenden wäre. Den ausländischen Gesellschaften gegenüber wird die Anforderung, neben ihrem allgemeinen Rechnungsabschluß einen besondren Ausweis über das im Reichsgebiet betriebene Geschäft zu liefern, durchaus am Platze sein. Was aber die Sozietäten anlangt, so schließt das Verlangen, daß auch sie sich den allgemeinen Formen der Rechnungslegung anbequemen sollen, sicherlich keine Schädigung, vielmehr für manche derselben eine heilsame Reform ein. Denn ihre bisherigen, fast durchweg dem schwerfälligen behördlichen Schematismus entlehnten oder verwandten Formen liefern keineswegs überall einen genügenden Nachweis über die periodische Geschäftsbewegung, ja sind nicht selten für Uneingeweihte geradezu unverständlich.

Endlich ist uns noch eine abwehrende Bemerkung hinsichtlich desjenigen Theils der Geschäftsführung aufgenöthigt, der sich in dem

Agenturbetriebe darstellt. Größere Privatanstalten können dieser Vermittelung zwischen der eigentlichen Verwaltung und dem Publikum, sowohl für die Gewinnung neuer als für die Besorgung laufender Versicherungen, nicht entbehren. Die Stellung der Feuerversicherungsagenten, nach manchen älteren Landesgesetzen ebenfalls eine ganz unfreie und für sich an eine besondre Concession gebunden, hat endlich durch § 14 der Reichsgewerbeordnung eine einheitliche Regelung auf Grundlage der Gewerbefreiheit gefunden. Ihr stehender Geschäftsbetrieb unterliegt nur noch der allgemeinen Anzeigepflicht und schließt die Befugniß zur Vermittelung von Versicherungen auch außerhalb des Niederlassungsorts ein. Es würde darüber kein Wort mehr zu verlieren sein, wäre nicht neuerlich das Verlangen gestellt worden, den Privatanstalten jene spät errungene Stellung ihrer Vertreter wiederum zu verkümmern. Bei einer im vorigen Jahre abgehaltenen Zusammenkunft des Ausschusses des „Verbandes öffentlicher Feuerversicherungsanstalten in Deutschland" haben die Vertreter eines Theiles der Preußischen Sozietäten die Ansicht ausgesprochen, daß die in den Vorjahren zu Tage getretene Vermehrung der Brände, abgesehen von der fortschreitenden Verwilderung der Sitten, in dem „gemeingefährlichen Treiben hausirender Agenten, Reiseinspectoren u. dgl. einer Anzahl von Privatgesellschaften", besonders in den kleinen Städten und auf dem platten Lande, ihre Ursache habe. Der Verbandsvorstand hat darauf gestützt in einem Bericht an den Königl. Preußischen Minister des Inneren beantragt: auf eine Abänderung der Gewerbeordnung in dem Sinne hinzuwirken, daß das Aufsuchen von Versicherungen im Umherziehen künftig verboten werde*).

Die freie Bewegung im Agenturbetriebe ist den Privatgesellschaften nun selbstverständlich zu dem Zwecke verliehen worden, um davon Gebrauch zu machen, und hierbei trifft ihre Bewerbung mit derjenigen der Sozietäten zusammen. Die letzteren pflegen in diesem Punkte besonders empfindlich zu sein; sie betrachten ja jeden Uebertritt zu einer Privatgesellschaft an sich schon als eine Schädigung des Gemeinwohls und die Aufforderung dazu als eine Art von unerlaubter Verführung. Daß ihnen überhaupt die Concurrenz der Privatassecuranz in hohem Grade unleidlich ist und auch die Ansicht über

*) Neuerem Vernehmen zufolge hat zwar der Minister nach näherer Erörterung das Verlangen seinerseits zurückgewiesen; doch kann nach allen obwaltenden Verhältnissen und ähnlichen Vorgängen nicht erwartet werden, daß dasselbe damit ein für allemal beschwichtigt wäre.

die Gemeinschädlichkeit des freien Agenturbetriebes ganz wesentlich in dieser Empfindung wurzelt, geht aus jenem Bericht in der unzweideutigsten Weise hervor. Die Thatsachen, von welchen derselbe ausgeht, widerlegen — beiläufig gesagt — auf das Bündigste die sonst bis zum Ueberdruß wiederholte Behauptung, daß die Privatgesellschaften den kleinen Mann und das platte Land vernachlässigten. Im Uebrigen ist es richtig, daß von einzelnen der letzteren die Erweiterung ihres Geschäfts bisweilen in übereifriger und aufdringlicher Weise verfolgt und dabei auch den Sozietäten nicht überall mit Schonung begegnet wird. Ebenso schließen wir uns vollkommen dem Urtheil an, daß eine im Wege des förmlichen Hausirens betriebene Aquisition nicht mehr zu den soliden und honetten Geschäftsoperationen zu rechnen ist. Dagegen muß aber doch zunächst darauf hingewiesen werden, daß das Aeußerste, was eine Privatanstalt in dieser Beziehung überhaupt zu thun im Stande ist, von den Mitteln, mit denen ein Theil der Sozietäten in ihrem Concurrenzkampf gegen den Privatbetrieb zu arbeiten pflegt, weit in den Schatten gestellt wird. Was ist und was vermag das freie Angebot gegenüber dem mächtigen Apparat amtlicher Beeinflussung, welcher in einem Bezirk nicht bloß einen Agenten oder Wanderbeamten, sondern eine ganze Reihe von Staats- und Gemeindeorganen und von diesen dependirende Functionäre aller Art, bis herab zum Gendarmen und Schornsteinfeger, für das Interesse des öffentlichen Instituts in Bewegung setzt? Mit der Anpreisung der Vorzüge des letzteren bleibt diese Agitation hinter der Privatreclame keinesfalls zurück und leider geht damit gleichfalls Herabsetzung und Verdächtigung der Privatunternehmungen ohne Unterschied oft in der rücksichtslosesten Weise Hand in Hand. Auch im Missionswege, durch Entsendung besondrer Emissäre in die einzelnen Ortschaften eines Bezirks, um dort Versammlungen abzuhalten, die Eingesessenen über die Alleinberechtigung des öffentlichen Betriebes aufzuklären und um ihre Versicherungen zu werben, wird neuerdings gearbeitet. Um der aquirirenden Thätigkeit der Beamten noch einen besondren Sporn zu geben, hat man sogar den mehr als bedenklichen Weg betreten, denselben für die Zuführung neuer Versicherungen eine Vermittelungsgebühr auszusetzen. Dem Hochdruck, der in diesem Treiben ausgeübt wird, kann sich der Einzelne um andrer Interessen willen vielfach nicht entziehen. Einem unbequemen Agenten weist er einfach die Thür. Thatsächlich ist denn auch da, wo einzelne Privatanstalten die Aquisition in der geschilderten Weise forcirt haben, sehr bald der natürliche Rückschlag und der Erfolg eingetreten, daß sie damit weit mehr der zurückhaltenden Concurrenz und den öffentlichen Instituten in die Hände gearbeitet, als sich selber eine dauernde Stellung geschaffen haben. Die Belästigungen, welche etwa dem Publikum aus einem Geschäftsbetrieb jener Art erwachsen können und deren es sich vollständig selbst zu erwehren vermag, sind von der freien Bewegung untrennbar und können sowenig, wie auf andren Gebieten, dem Gesetzgeber das Motiv abgeben, den Privatbetrieb an die Scholle zu fesseln. Auf welchen Stand müßte unsere ganze Gewerbegesetzgebung zurückgeführt werden, wenn die Förderung der wichtigsten wirthschaftlichen Einrichtungen solchen Gesichtspunkten untergeordnet werden sollte!

Die eigentliche Gemeingefährlichkeit des freien Agenturbetriebes aber findet der Bericht darin, daß durch die umherziehenden Agenten das Publikum zu Ueberversicherungen verleitet werde, in deren Gefolge dann das Verbrechen der Brandstiftung auftrete. Wir werden uns mit diesem Kapitel sogleich noch eingehend zu beschäftigen haben. Hier sei vorerst nur angedeutet, daß eine Anschuldigung wie die vorstehende doch mindestens mit einem Scheine von Begründung umgeben werden müßte. Hiervon halten sich jedoch die Urheber augenscheinlich völlig entbunden. Vergebens sucht man auch nur nach einer einzigen belegenden Thatsache; wir haben nichts vor uns als die Behauptung einer gewissen Gruppe von Interessenten, daß eine ungünstige Erscheinung von ihren Concurrenten verschuldet sei, und darauf gestützt das Verlangen, den letzteren die Freiheit, deren man selber im ausgedehntesten Maße genießt und sich bedient, zu entziehen. Die in dem Bericht besprochene auffällige Vermehrung der Brände begreift fast ausschließlich die Jahre 1877 und 1878, den Zeitraum, in dem die wirthschaftliche Krisis ihren schwersten Druck ausübte und auch die damit ja innig zusammenhängenden sozialen Misstände auf dem Gipfelpunkt standen. Darüber, daß diese Verhältnisse zu der Erscheinung wesentlich mitgewirkt haben, besteht Einverständniß. Im Uebrigen pflegt auch sonst die Häufigkeit der Brände ohne bestimmt erkennbare Ursachen periodisch zu schwanken. Zu welchem Theil aber finden die im Bereich der betreffenden Sozietäten beobachteten zahlreicheren Brände ihre natürliche Erklärung in einer vermehrten Zahl ihrer Versicherungen? Und hat eine sorgfältige Criminalstatistik irgend greifbaren Anhalt dafür ergeben, daß nicht bloß in vereinzelten, nein in vielen Hunderten von Fällen, um die es sich handeln müßte, eine von der Privatassecuranz leichtfertig geförderte Ueberversicherung zur speculativen Brandstiftung durch die Versicherten geführt habe? An diesen Fragen geht der Bericht mit völligem Stillschweigen vorüber. Und eine Anklage, die in solchem Maß auch des entferntesten Nachweises über den ursächlichen Zusammenhang zwischen den behaupteten Thatsachen entbehrt, will Anspruch auf innere Glaubwürdigkeit und auf Beachtung von Seiten des Gesetzgebers erheben!*)

Die lediglich auf sich selbst gestellten Privatgesellschaften sind schon nach ihrer dadurch bedingten Organisation auf den Wanderbetrieb in gewissem Umfange angewiesen. Sie besitzen nicht, wie die Sozietäten, in jedem Dorf ihren geborenen Vertreter; ihre Agenturen sind auf Städte und größere Ortschaften beschränkt, von denen aus die Geschäfte des Platzes und des umliegenden Bezirks besorgt werden müssen. Will man auf den letzteren nicht von vornherein verzichten, so muß der Agent sein Geschäft dort aufsuchen, und er bedarf dabei, da er eben hauptsächlich nur Vermittler und nicht geschulter Beamter ist, auch zuweilen der Unterstützung durch einen solchen. Die persönliche Bemühung um Gewinnung neuer Kunden ist ganz unerläßlich, wenn das Geschäft nicht zum Stillstand kommen soll. Man vergesse ferner nicht, daß die Gewohnheit, seine Habe und besonders den beweglichen Theil derselben zu versichern, in den unteren Volkskreisen überhaupt noch keineswegs eine allgemeine, daß das Angebot nothwendig ist um die Leute zur Versicherung zu bestimmen, daß

---

*) Den einzigen, wenn auch nur ganz allgemeinen Anhalt liefert die Zahl der Verurtheilungen. Nach der amtlichen Preußischen Statistik sind nun im ganzen Bereich der Monarchie wegen vorsätzlicher Brandstiftung und andrer gemeingefährlicher Verbrechen (welche davon nicht weiter unterschieden sind) verurtheilt worden: —

im Jahre 1874: 200 Personen,
„ „ 1875: 160 „
„ „ 1876: 205 „
„ „ 1877: 214 „
„ „ 1878: 256 „

Rechnet man von der Steigerung, die in dieser fünfjährigen Reihe zu Tage tritt, ab: 1. den prozentualen Zuwachs der Bevölkerung, 2. die nicht in Brandstiftung bestehenden Verbrechen, 3. die Brandstiftungen durch fremde Hand, welche erfahrungsmäßig ein Vielfaches der durch den Eigenthümer verübten bilden, 4. diejenigen von letzteren, deren Motiv nicht in der Speculation auf die Assecuranz liegt, 5. diejenigen Speculationsbrände, bei denen eine Ueberversicherung überhaupt oder doch zur Zeit des Vertragsschlusses nicht vorlag, und endlich 6. die Fälle, bei denen nur Sozietäten interessirten; — was kann alsdann wohl noch auf den Privatgesellschaften und der ihnen imputirten Begünstigung der Ueberversicherung sitzen bleiben?

allein diese werbende Betriebsamkeit der Privatgesellschaften die Mobiliarversicherung bei uns auf ihren jetzigen Stand gebracht hat, und daß dadurch in ungezählten Fällen schon dem Unglück die Stütze geboten worden ist. Wollte die Gesetzgebung dem Privatbetrieb die Freiheit der Bewegung wieder entziehen, so würde er den Sozietäten auf dem Lande wehrlos gegenüberstehen und dieses Gebiet den letzteren ausschließlich und ohne jede Concurrenz überliefert werden; denn unter sich üben sie eine solche nicht, da sie auf ihre Bezirke beschränkt sind. Und wie soll es in dem großen Gebiete werden, wo entweder öffentliche Anstalten gar nicht bestehen oder sich mit der Mobiliarversicherung nicht befassen? Dreister ist denn in Wahrheit wohl niemals ein Schutz einseitiger Interessen vom Gesetzgeber begehrt worden. Doch wir können kaum fürchten, daß es jenen Bestrebungen gelingen sollte, das Ohr desselben gefangen zu nehmen. Hat doch das Rundschreiben des Reichskanzlers selbst ausdrücklich die Förderung des Versicherungswesens im Allgemeinen, nicht die der Geschäfte einzelner Anstalten als Aufgabe hingestellt.

6. Ueberversicherung und Polizeicontrole.

Das Gefahrereigniß, gegen welches die Feuerversicherung Schutz gewähren soll, kann durch menschliche Absicht und That herbeigeführt werden. Das Gesetz stellt eine solche Handlung als Verbrechen unter schwere Strafe. Entspringt sie der Bosheit eines Dritten, so gilt sie unter den Parteien des Versicherungsvertrags als Zufall und ändert nichts an ihren gegenseitigen Rechten und Pflichten. Sie kann aber auch von dem Versicherten selbst in der Absicht ausgehen, sich für das zerstörte Besitzthum die Geldleistung vom Versicherer zu verschaffen. Sie bedeutet alsdann eine Verletzung von Treu und Glauben und zieht, außer der öffentlichen Strafe, nach dem natürlichen Recht wie nach dem bürgerlichen Gesetz und der ausdrücklichen Vertragsbedingung den Verlust des Entschädigungsanspruchs nach sich. Allerdings setzt die Anwendung dieser doppelten Repression die

Ueberführung des Schuldigen im Straf- und Civilverfahren voraus, und da diese nicht unter allen Umständen möglich und gesichert ist, ist auch der repressive Schutz kein unbedingt wirksamer. Stände es in dieser Hinsicht anders, so würde überhaupt das Volksleben nur in sehr seltenen Fällen durch Verbrechen befleckt werden. Aber wir stehen hier der Unvollkommenheit gegenüber, welche allen menschlichen Einrichtungen anhaftet, und die in einzelnen Fällen auch die Behauptung der Rechtsordnung vereitelt. Immerhin ist jener Schutz in einem gefestigten Staatswesen mit gesunder und kräftig entwickelter Rechtspflege ein machtvoller, und man nimmt daran für die meisten Lebensverhältnisse mit Recht Genüge. Man denkt in gewöhnlichen Zeiten nicht daran, den Besitz von Waffen, Zündstoffen u. dgl. zu beschränken, weil sie dem Mord und Aufruhr als Mittel dienen können; man hält den Rechts- und Geschäftsverkehr nicht unter obrigkeitlicher Aufsicht, weil aus ihm in einzelnen Fällen Betrug, Fälschung und Meineid erwachsen, u. s. w.

Nun ist es ja an und für sich gewiß wünschenswerth, daß Verbrechen nicht bloß geahndet, sondern überhaupt nach Möglichkeit verhindert werden, besonders wenn sie, wie die Brandstiftung, gemeine Gefahren erzeugen können. Es hat daher auch für das vorliegende Gebiet die Frage wohl ihre Berechtigung: giebt es nicht andere Mittel, um den Brandstiftungen von Seiten der Versicherten vorzubeugen? Kann insbesondere dem Versicherer sowie der Allgemeinheit ein weitergehender Schutz dadurch gewährt werden, daß man das gewöhnliche Motiv — die Hoffnung auf unrechtmäßigen Gewinn — abschneidet oder beschränkt? Sehen wir zunächst zu, welche Garantieen in dieser Richtung der entgegengesetzte, durch Handlungen jener Art bedrohte Factor, nemlich das Interesse der Versicherer, mit eigenen Mitteln und ohne Unterstützung der öffentlichen Gewalt sich selber gesucht und geschaffen hat.

Zunächst und vor Allem tritt uns hier die wichtige, das ganze Rechtsverhältniß der Vertragsparteien beherrschende Maxime entgegen: daß die vom Versicherer zu leistende Entschädigung den wirklichen Verlust des Versicherten, d. i. sein Vermögensinteresse, nicht übersteigen soll. Und zwar wird dieses Interesse einestheils zeitlich nach dem Augenblick des Verlustes gemessen, während es anderentheils gegenständlich bei der Feuerversicherung auch von jeher auf den reinen Sachwerth unter Ausschluß sog. indirecter Verluste beschränkt worden ist. Die bei Eingehung des Vertrags diesem zu

Grunde gelegte Versicherungssumme, — in der Regel bei Mobilien ganz einseitig vom Versicherten und nicht für einzelne Gegenstände sondern kategorieenweise bestimmt, bei Gebäuden dagegen durch Taxation ermittelt, — hat nur die Bedeutung eines vorläufigen Anschlags. Sie bildet bei gänzlichem Verlust des Versicherungsobjects die äußerste Gränze der Haftung des Versicherers, und ferner in Verbindung mit der angenommenen Gefahr den Maßstab für die Prämienleistung des Versicherten; dagegen präjudizirt sie nicht der Ermittelung des effectiven Interesses im Schadensfalle. Eine solche ist — selbst abgesehen von zwischenzeitlich eingetretenen Werthveränderungen — schon deshalb unumgänglich, weil die große Mehrzahl der Schäden nicht totale, sondern partielle sind, und insbesondere bei Mobilien erst jetzt der Werth des einzelnen Gegenstandes festzustellen ist. Es ist hiernach prinzipiell ausgeschlossen, daß der Versicherte sich durch die Brandentschädigung bereichere, und die ganze Maxime wird in den Statuten und Versicherungsbedingungen der Anstalten häufig geradezu dahin ausgedrückt: daß die Entschädigung keinen Gewinn herbeiführen solle. Den allgemeinen Rechtsregeln entsprechend, liegt sodann der Beweis über den Eintritt des Verlustes an sich, wie über die Höhe der Vermögensbeschädigung dem Versicherten ob*). Bei dieser Beweisführung ist freilich eine Täuschung des Versicherers oder selbst des Richters, durch betrügerische Vorspiegelungen, falsches Zeugniß oder Meineid, immer noch denkbar. Die gegebenen Mittel der Wahrheitserforschung sind auch hier keine absolut zuverlässigen, und vermögen gegenüber einer Häufung von verbrecherischem dolus eine Uebervortheilung nicht unter allen Umständen auszuschließen. Indeß ist diese Gefahr denn doch bei der jetzigen Gestalt des gericht-

*) Man hat — u. A. in den Motiven zu dem Preußischen Entwurf von 1869 — diese der Natur der Sache einzig entsprechende Vertheilung der Beweislast durch das Argument anfechten wollen, daß Veränderungen nicht vermuthet würden, demnach der Versicherte zunächst stets die Versicherungssumme ansprechen dürfe und der Versicherer nachzuweisen habe, daß diese den wahren Werth überschritten habe. Eine derartige Maxime würde schon praktisch in den allerseltensten Fällen durchführbar sein; sie ist es eben nicht bei jedem Partialschaden und nicht bei der, für das bewegliche Vermögen die Regel bildenden Versicherung nach Kategorieen, wo also eine Versicherungssumme für den einzelnen Gegenstand zum Voraus überhaupt nicht ausgedrückt wird. Sie basirt aber auch theoretisch auf dem Irrthum, daß die Versicherungssumme den unter den Contrahenten vereinbarten und beiderseits anerkannten Sachwerth zur Zeit der Versicherungsnahme darstelle, was sie in der Feuerversicherung niemals hat bedeuten sollen.

lichen Verfahrens mit seiner freien Beweiswürdigung eine außerordentlich verminderte. Die Speculation, nicht nur eine Brandstiftung der Entdeckung zu entziehen, sondern auch den darauf gebauten betrügerischen Schadensanspruch durchzusetzen, ist eine so unsichere, daß das Wagniß schon einen sehr dreisten verbrecherischen Willen und die geschickteste Combination voraussetzt. Im Ganzen leuchtet wohl ein, daß das entwickelte Entschädigungsprinzip schon an sich das wirksamste Gegengewicht gegen eine gewinnsüchtige Ausbeutung der Assecuranz durch Speculationsbrände bildet.

Ein weiteres Mittel zur Verhütung gewinnsüchtiger Brandstiftungen Seitens der Versicherten hat man nun auch in einer gewissen Vorausbestimmung des Interesses gesucht. Letzteres findet, abgesehen natürlich von der Existenz der Sache im Vermögen des Versicherten an sich, im Großen und Ganzen seinen Ausdruck in dem sog. gemeinen Werth derselben. Dieser ist freilich selbst wieder kein festes und inalterables Prädicat der einzelnen Sache, und hiernach schon a priori klar, daß jenes Mittel dem Zwecke nur in beschränkter Weise dienen kann, nämlich bloß für Gegenstände von dauerhaftem Bestande und wenigstens einigermaßen gleichbleibendem Werthe. Diese Eigenschaften finden wir nur bei den Gebäuden, und zwar auch hier, was den Werthpunkt anlangt, nur in relativem Maße, worauf wir später zurückkommen. Im Allgemeinen ist indeß die Bestimmung des Zeitwerthes eines Gebäudes nach feststehenden technischen Regeln mit bemerkenswerther Sicherheit und auf einfache Weise möglich, und Werthveränderungen pflegen sich unter normalen Verhältnissen nur langsam zu vollziehen. Deshalb hat man bei dieser Klasse von Versicherungsobjecten von jeher der Versicherung eine Taxation zur Unterlage gegeben, welche im Allgemeinen den Vertrag von Haus aus auf eine richtige Basis stellen soll, aber doch auch für das Interesse der Versicherten gewöhnlich auf eine längere Zeit einen zutreffenden Maßstab liefert, zumal wenn die Werthermittelung durch unbetheiligte dritte Personen erfolgt. Im Gegensatz dazu ist die Werthbestimmung eines Mobiliarvermögens einestheils an sich mit viel größeren Weitläufigkeiten verknüpft, andrentheils nur von momentanem Werthe. Dasselbe unterliegt auch in einfachen Verhältnissen schon naturgemäß einem unablässigen Wechsel, leichter und auch partieller Veräußerlichkeit, zum Theil völliger Verzehrung, namentlich aber weit größeren Werthschwankungen und schnellerer Gebrauchsentwerthung als der immobile Besitz. Die heute vorgenommene Bestandsermittelung kann in kürzester Frist und durch die Willkür des Besitzers gänzlich alterirt sein. Eine häufige Wiederholung ist unausführbar, und so hat die Assecuranzpraxis hier von jeher auf eine Vorausbestimmung des Interesses völlig Verzicht leisten müssen.

Fragen wir, wie die verschiedenen Betriebsformen der Feuerversicherung sich dieser Mittel der Selbsthülfe bedient haben, so haben zunächst die Privatgesellschaften die besprochene Entschädigungsmaxime, welche den wirthschaftlichen Zweck der Versicherung in die richtigen und mit dem Gemeinwohl verträglichen Gränzen einschließt, ihrer Geschäftsführung von Anbeginn an zu Grunde gelegt und auf dem vertragsmäßigen Wege durchgebildet. Erst später hat auch die positive Gesetzgebung verschiedener Länder in Anerkennung ihrer inneren Begründung und Wichtigkeit dieselbe ausdrücklich sanctionirt. Auch die Vorsicht, Gebäudeversicherungen nur auf Grund vorgängiger Taxation abzuschließen, haben die Privatanstalten von jeher geübt, dieser Schätzung jedoch im Schadensfalle keine präjudizielle Geltung beigelegt, sondern dieselbe wiederum der Schadensmaxime untergeordnet. Die öffentlichen Immobiliarversicherungsinstitute haben dagegen die letztere lange Zeit hindurch ganz vernachlässigt. Auch sie legten ihrer Geschäftsführung allezeit das Abschätzungsprinzip zu Grunde, verkannten aber, daß dieses, an sich unvollkommener, erst durch jene Maxime die nothwendige Ergänzung erhält. Ihre Taxen blieben vielfach durch lange Zeitperioden unberichtigt, während vorfallende Schäden fort und fort auf Grund derselben, lediglich unter Ermittelung der durch den Brand zerstörten Werthquote, vergütet wurden. Durch dieses Verfahren wurde gerade in der Volksmeinung die irrige Anschauung begünstigt und befestigt, daß die Versicherungssumme schon als solche den rechtmäßigen Schadensanspruch begründe. Gegen die Gefahr gewinnsüchtiger Brandstiftung aber suchten jene Institute sich weiter durch mechanische Auskunftsmittel zu schützen. Sie drückten die durch ihre eigenen Organe angefertigten Taxen übermäßig herab und gestatteten überdies nicht die Versicherung bis zum vollen Taxwerthe, sondern nöthigten den Versicherten, das Risiko zu einem gewissen Theile selbst zu tragen. Beides beeinträchtigte in empfindlicher Weise den Versicherungszweck und gereichte zur Schädigung der großen Mehrzahl redlicher Versicherter, welche schuldlos in Brandunglück geriethen. Der bureaukratische und monopolistische Charakter der öffentlichen Anstalten hat sich auch hier dem Fortschritt zu rationelleren Grundsätzen hinderlich erwiesen und erst in neuerer Zeit sind dieselben, dem Vorbild des Privatbetriebes folgend, mehr und mehr zu der richtigen Entschädigungsmaxime ganz oder näherungsweise übergegangen.

Die Mobiliarversicherung, welche jüngeren Urspungs ist, fand in der Zeit ihrer ersten Ausbreitung die erwähnte irrige Volksansicht über die Bedeutung der Versicherungssumme vor. Sie vermochte auf deren Berichtigung, zumal das Verfahren der öffentlichen Anstalten ihr günstig blieb, nicht mit einem Schlage, sondern nur durch fortgesetzte Bekämpfung allmälig hinzuwirken. Die bereits geschilderten Eigenthümlichkeiten des Gegenstandes erleichtern, wie gar nicht zu bestreiten ist, in gewissem Umfange den Misbrauch der Mobiliarversicherung. Die Existenz eines Gebäudes kann überhaupt nicht wohl Gegenstand des Zweifels sein; der Werth desselben vor der Zerstörung läßt sich, auch wenn diese eine vollständige ist, nach den stets zurückbleibenden Spuren und übrigens an der Hand weniger allgemeiner Merkmale ex post ziemlich genau berechnen. Leicht kann dagegen das Vorhandensein einzelner Mobiliargegenstände vor dem Brande fingirt, oder aber eine zuvor schon eingetretene Veräußerung oder Verzehrung verheimlicht werden. Ist die Vertilgung eine totale, so läßt sich der Werth oft gar nicht anders als nach der Beschreibung des Besitzers ermitteln. Weiter ist zu beachten, daß erst die Mobiliarversicherung den Schutz der irdischen Habe zu einem das ganze zerstörbare Vermögen umfassenden gemacht hat, ohne welches Moment der Gedanke einer Bereicherung durch Brandlegung in den meisten Fällen gar nicht aufkommen kann. Nimmt man alles das zusammen, so kann es nicht nur nichts Auffälliges haben, sondern muß als in der Natur der Sache liegend erscheinen, daß mit der Verbreitung jenes Assecuranzzweigs die Gefahr und das wirkliche Vorkommen von Speculationsbränden vermehrt worden ist. Den Blick aber, der nicht am Einzelnen haftet sondern das Ganze betrachtet, kann diese Thatsache keineswegs verwirren. Wie die Versicherung einerseits die Brandstiftungen aus Bosheit und Rache vermindert, indem sie die gewollte Schadenzufügung durchkreuzt; wie sie andrerseits durch das erweckte Gefühl der Sicherheit die Vorsicht im Umgang mit Feuer und Licht abstumpft und der fahrlässigen Erregung von Bränden einen gewissen Vorschub leistet; so liegt eben auch in jenen Verhältnissen einfach eine gewisse Gefahr vor, welche an die Vervollkommnung der Institution unvermeidlich geknüpft ist und mit dem hie und da durch sie angerichteten Schaden, angesichts der ganz unvergleichlichen Wohlthaten jener Vervollkommnung, hingenommen werden muß. Auch die Befreiung des Verkehrs und die Fortschritte der modernen Technik wird kein verständiger Mensch um deswillen verwünschen, weil sie neue Gefahren geschaffen haben und oft genug schon auch dem Verbrechen dienstbar gemacht worden sind.

Zu dieser unbefangenen Auffassung hat sich nun freilich die Verwaltungspraxis und Gesetzgebung in Deutschland weder von Anfang an noch bis auf den heutigen Tag zu erheben vermocht. Zu der Zeit, in welcher die Mobiliarversicherung in breitere Volksschichten eindrang und in Zusammenhang mit ihr einzelne Speculationsbrände auftraten, herrschte noch überall der Polizeistaat. Der in diesem waltende Geist, welcher nicht des Wohlwollens, dagegen der Weite und Klarheit des Blickes entbehrte, war zu einer richtigen Schätzung von Ursache und Wirkung wenig befähigt, schrieb aber der Staatsgewalt in um so höherem Maße den Beruf und die Macht zu, die Thatsachen des Lebens durch obrigkeitliche Wachsamkeit und Vorkehrung zu lenken. Aus der Beobachtung vereinzelter Vorfälle gelangte man, für den tieferen Zusammenhang der Dinge blind, zu der oberflächlichen Annahme, daß die Mobiliarversicherung an sich eine gefährliche Sache sei und in besonderem Maße den Anreiz zum Verbrechen in sich trage. Da sie sich aber damals noch lediglich in Händen des Privatbetriebs befand, übertrug sich die Ansicht auf diesen überhaupt und man argumentirte sich in die Nothwendigkeit hinein, dessen sogenannte „Ungebundenheit“ zu beschränken. Aus Rücksichten der öffentlichen Sicherheit fand man die geschäfts- und vertragsmäßigen Garantieen, welche die Assecuranz selber sich in dem Taxverfahren bei Gebäudeversicherungen und in der Schadensmaxime geschaffen hatte, sowie die straf- und civilrechtliche Repression ungenügend, und glaubte nur auf dem Wege der polizeilichen Prävention dem Uebel wirksam begegnen zu können.

So entstand, hauptsächlich seit den dreißiger Jahren, in der großen Mehrzahl der deutschen Staaten das System der Präventivcontrole, dessen gegenwärtiger Rechtsstand oben übersichtlich dargestellt wurde. Im einzelnen dem Maß wie der Form nach verschiedenartig gestaltet, beruht es in der Hauptsache auf folgenden Gedanken. Die Versicherungsnahme unterliegt vor definitivem Abschluß des Vertrags der Cognition der Behörde. Diese soll prüfen, ob die zur Versicherung gebrachte Summe nicht etwa den wirklichen derzeitigen Vermögensstand des Versicherten überschreitet, bei entstehendem Verdacht aber einschreiten und eventuell die Versicherung zwangsweise auf den zeitigen Werth zurückführen. Erst durch die Genehmhaltung der Behörde erhält der Vertrag einen legalen Inhalt und soll deshalb auch meistens gar nicht früher urkundlich vollzogen werden. Eine gleiche Controle wird ferner auch nach eingetretenem Brandschaden geübt: die unter den Parteien ausgemittelte Entschädigungssumme ist der Behörde zur Anzeige zu bringen, welche deren Uebereinstimmung mit dem wirklichen Verlust prüfen soll, und die Erfüllung des Vertrags durch Auszahlung erst durch ihre Gutheißung zu einer erlaubten macht. Gegen die Wirksamkeit dieses Systems waren aber die Gesetzgeber selbst mistrauisch, und glaubten demselben — abgesehen von den Ordnungsstrafen für Umgehung der vorgeschriebenen Förmlichkeiten — noch eine weitere strafrechtliche Stütze geben zu müssen. Es wurde zu dem Ende das eigenthümliche Delict der Ueberversicherung, bestehend in der Versicherung über den zur Zeit des Vertragsschlusses vorhandenen reellen Werth, erfunden, und zwar als wissentliche sowohl wie leichtfertige Handlung mit Strafe bedroht, für den dolus sogar unter Aufstellung von Präsumtionen.

Wir sehen hier also einen ganzen großen, an sich höchst nützlichen und zur allgemeinsten Benutzung bestimmten Wirthschaftszweig aus Furcht vor verbrecherischem Misbrauch bis auf den Abschluß und die Vollziehung des einzelnen Geschäfts unter Polizeiaufsicht gestellt. Man vergegenwärtige sich, was dieses System bedeutet! Jeder Bürger, welcher als sorglicher Hausvater seine Habe gegen Brandunglück zu sichern strebt, wird dadurch selbst gleichsam suspect. Er darf das darauf zielende Rechtsgeschäft nicht ohne Vorwissen und Billigung der Behörde abschließen und hat sich, wenn es dieser gefällt, zuvor der Haussuchung zu unterwerfen. Einige Landesgesetze nöthigen ihn sogar, seine Versicherung noch dem Hauswirth und Nachbarn anzuzeigen. Wo, wie nach dem Preußischen Gesetz von 1837, die Genehmigung durch die Obrigkeit nicht der belegenen Sache, sondern des Wohnorts des Versicherten zu erfolgen hat, trägt sie in vielen Fällen direct und lediglich den Charakter eines Leumundszeugnisses. Aber auch die ausgesprochene Genehmigung schützt den Einzelnen noch keineswegs gegen Strafe, wenn er in dem Wunsche, sich möglichst vollständig vor Verlust zu schützen, eine sehr unsichere Gränze überschreitet; denn die Schätzung des gemeinen Werthes läßt noch der größten Willkür Spielraum und fällt, durch Dritte bewirkt, vielleicht weitab von der, die er selber im besten Glauben vornahm. Wäre in unserem deutschen Volke der Freiheitssinn etwas mehr in der praktischen als in der theoretischen Richtung entwickelt, so würde eine solche Einmischung der öffentlichen Gewalt in reine Privatgeschäfte, welche sich jedem Einzelnen aufdrängt um ihn vor unredlicher Versuchung zu bewahren, und für die der Ausdruck Bevormundung noch viel zu eng erscheint, längst nicht mehr ertragen worden sein. Es war auch bereits eine Zeit gekommen, wo man sich von der Ungehörigkeit und Nutzlosigkeit der ganzen Präventivcontrole ziemlich allgemein überzeugt hatte. So wollte der Preußische Entwurf von 1869 darauf verzichten, irrte freilich wieder darin, daß er einen Ersatz in der viel schärferen Strafahndung der Ueberversicherung suchte. Neuerdings scheinen dagegen in gewissen Kreisen die Ansichten wieder im Rückgang begriffen zu sein. Es kann dies nicht etwa aus gehäuften ungünstigen Wahrnehmungen erklärt werden; denn wenn auch einzelne Speculationsbrände immer wieder vorkommen, so ist es doch Thatsache, daß selbst die so unerhört schwere und andauernde wirthschaftliche Krisis solche bei Weitem nicht in dem Umfange hervorgebracht hat, wie dies nach den Vorgängen früherer Zeiten zu befürchten gewesen wäre. Einmal aber knüpfen sich an den Fortbestand der überkommenen Einrichtung bestimmte Interessen, namentlich der mit dem Privatbetrieb concurrirenden Sozietäten, die jede Erschwerung des Geschäfts der Privatinstitute nothwendig und willkommen finden und denen, vermöge ihres Zusammenhangs mit den Behörden, die Controle das Mittel bietet, jenes Geschäft theils einzusehen, theils demselben mancherlei Weiterungen, Verdruß und Schaden zu bereiten. Sodann will eine gewisse Anschauung in der Beseitigung eine von der Zeitströmung nicht begünstigte Vermehrung der wirthschaftlichen Freiheit erblicken, wiewohl die ganze Frage hiermit in Wirklichkeit sehr wenig zu thun hat. Ueber den praktischen Unwerth des Systems ist schon unendlich viel geschrieben worden. Unter den eben erwähnten Umständen können wir gleichwohl nicht umhin, denselben an dieser Stelle nochmals zu beleuchten.

Als vernünftiger Zweck der polizeilichen Controle kann nur hingestellt werden: die Versicherungshöhe mit dem Interesse des Versicherten in Uebereinstimmung zu setzen. Schon die Frage, ob dieser Zweck auf diesem Wege auch nur für den Augenblick der Versicherungsnahme erreicht werden kann, muß mit einem entschiedenen Nein beantwortet werden. Was zuvörderst die Gebäude anlangt, — denn auch auf deren Versicherung, soweit sie dem Privatbetrieb zugänglich ist, pflegt sich die Controle zu erstrecken — so leidet ja selbst die sachverständige Abschätzung an dem Mangel, daß sie nur den gegenwärtigen Bauwerth mit Berücksichtigung der etwa vorhandenen Abnutzung festzustellen vermag, dieser aber sich noch keineswegs nothwendig und immer mit dem Interesse des Besitzers deckt. Nach zeitlichen und örtlichen Verhältnissen kann z. B. der Verkaufswerth ein viel geringerer, ja das Besitzthum geradezu unverkäuflich sein; derartige Momente entziehen sich überhaupt dem zahlenmäßigen Ausdruck und deshalb versagt auch in einzelnen Fällen die in der vorgängigen Taxation liegende Garantie. Daß nun aber den gewöhnlichen Organen der Polizeiverwaltung für die Schätzung von Gebäudewerthen durchweg schon die erste Voraussetzung, nämlich Sachkunde, abgeht, kann doch wohl kaum in Abrede gestellt werden; und welchen Nutzen vollends neben einer sachverständigen Schätzung noch die polizeiliche Werthprüfung haben soll, ist ein für alle Mal nicht abzusehen. Nicht anders, ja noch auffälliger zeigt sich's bei der Mobiliarversicherung. Um hier dem oben bezeichneten Zwecke nahe zu kommen, müßte zunächst in jedem Falle zum Augenschein geschritten und der Bestand im Einzelnen festgestellt werden. Zu einer halbwegs ausreichenden Beurtheilung des Werthes aber würde sich der Beamte fast regelmäßig auch da außer Stande und deshalb genöthigt finden, selbst zur Schätzung mancher Gegenstände der häuslichen Einrichtung, noch mehr natürlich für Naturproducte, Waaren, Maschinen und dergl. auf Sachverständige zu recurriren. Daß ein solches Verfahren, sowohl wegen der Summe von Arbeit wie wegen der damit verbundenen Kosten, gänzlich unausführbar ist, liegt auf der Hand. Ohne das aber ist ein allgemeines, nur auf ungefähre Kenntniß der Lebens- oder Geschäftsverhältnisse des Versicherten gegründetes Urtheil ohne allen und jeden Werth. Von manchen Seiten wird dies auch für größere Städte und gewisse Klassen von Personen zugegeben, aber behauptet, daß wenigstens in kleinen, besonders ländlichen Verhältnissen die Obrigkeit genügenden Einblick in den Vermögensstand des Einzelnen besitze. Wir bestreiten auch dies ganz entschieden. Ist doch in der Regel das Familienoberhaupt selbst, ohne vorgängige spezielle Ermittelung unter Zuziehung seiner Angehörigen, außer Stande den Geldwerth seiner fahrenden Habe mit einiger Sicherheit zu überschlagen. Es würden sonst nicht, zum Schaden der Versicherten im Brandfalle, so außerordentlich viele ungenügende Versicherungen geschlossen werden, deren Zahl nach feststehenden Beobachtungen die der vorkommenden Ueberversicherungen um ein Vielfaches übersteigt.

Sollte die Präventivcontrole ihren Zweck erfüllen, so müßte nun aber augenscheinlich ihre Leistung auch keine bloß momentane, vielmehr eine constante, m. a. W. sie müßte im Stande sein, die Congruenz zwischen Versicherung und Interesse nicht allein zur Zeit des Vertragsabschlusses herzustellen, sondern auch während der ganzen Dauer des Vertrags zu erhalten. Daß die hierzu erforderliche unausgesetzte Beobachtung der Verhältnisse des einzelnen Versicherten und der an seinem Vermögensstande vorgehenden Veränderungen erst recht ein Ding der Unmöglichkeit ist, bedarf keines Beweises. Soweit pflegen denn auch die Gesetze die Aufgabe gar nicht zu stecken. Und darin bekundet sich eben der innere Widerspruch und das Trügerische der ganzen Einrichtung an sich mitsammt der Ueberversicherungstheorie. Man richtet als Kriterium der Erlaubtheit einer Versicherung das für einen bestimmten Zeitmoment, den der Versicherungsnahme, und auch hierfür schon mit sehr geringer Sicherheit angenommene Interesse des Versicherten auf, nimmt dies zum Maßstab für eine längere — oft fünf- bis zehnjährige — Zeitperiode, während es ein außerordentlich wandelbares ist, und schafft damit in offenbarer Selbsttäuschung nur die Illusion einer Garantie. Die Ueberversicherung kann eben im Laufe des Vertrags entstehen und entsteht unter einer noch so scharfen Controle fort und fort in ungezählten Fällen durch den natürlichen Lauf der Dinge. Wer aber die Beispiele, in denen sie zum Motiv des Verbrechens wird, aus der Erfahrung kennt und studirt, weiß, daß sie weitaus am häufigsten diesen supervenirenden Charakter trägt. Es ist eine ganz bestimmte Klasse, welche das Hauptcontingent der betrügerischen Brandstifter stellt: die der kleinen Geschäftsleute mit schwachen Betriebsmitteln und verfallendem Vermögensstand. Werden diese Fälle in ihrer Vorgeschichte sorgfältig aufgeklärt, so findet sich fast überall, daß die Höhe der Versicherung zu einem bestimmten früheren Zeitpunkt einmal ihre gute Berechtigung hatte. Nach und nach aber haben sich die Verhältnisse verschlechtert; der Rückgang des Vermögens wird nach Außen vorsorglich verschleiert bis zu dem kritischen Punkte, wo die Wirthschaftsmittel erschöpft sind. Da erwächst aus der Versicherung, die geblieben ist, die Versuchung, der verbrecherische Entschluß kommt zur Reife und wird zur That. Die allgemeine Vernichtung begräbt die unmittelbaren Zeugen der dürftigen Wirklichkeit; Bücher und Scripturen waren entweder überhaupt in geordnetem Zustande nicht vorhanden, oder es ist dafür gesorgt, daß sie mit zu Grunde gegangen sind. Dies ist die Physiognomie der großen Mehrzahl der auf Ausbeutung der Assecuranz berechneten Speculationsbrände; gegen sie ist auch die Wachsamkeit des Versicherers meistens, die obrigkeitliche Controle gänzlich ohnmächtig. Die Fälle aber, in denen aus einer von Haus aus fingirten Versicherungsnahme Verbrechen hervorgehen, sind äußerst selten; sie bieten auch weit geringere Chancen des Erfolgs.

Es mag hier beiläufig noch darauf hingewiesen werden, daß selbst bei den Gebäuden die Stabilität des gemeinen Werthes keineswegs eine so große ist, wie man vielfach annimmt. Wir sehen ganz ab von dem Fall fortgesetzter Verwahrlosung, welche ein Gebäude sehr schnell deterioriren kann. Den Hauptfactor für die Werthbestimmung bilden Materialpreise und Arbeitslöhne. An diesen haben wir in sehr naheliegender Zeit die größten Schwankungen erlebt. Sie waren, namentlich in den großen Städten, während der Periode der Ueberspeculation in den ersten siebziger Jahren auf eine noch nicht dagewesene Höhe getrieben. In dieser Zeit wurde sehr theuer gebaut, dem entsprechend hoch taxirt und hoch versichert. Seitdem hat sich ein gewaltiger Preisrückgang vollzogen, welcher den Geldwerth der Gebäude um viele Prozente herabsetzt. Soweit die aus jener Zeit herrührenden Versicherungen unverändert geblieben sind, besteht heutzutage aus dieser Ursache unzweifelhaft eine erhebliche Zahl von Ueberversicherungen bei öffentlichen wie bei Privatanstalten. Ferner erinnern wir an die außerordentliche Entwerthung reiner Nutzbauten, welche einem speziellen Zweck und Betrieb dienen, sobald diese Bestimmung wegfällt, z. B. also bei einer zum Stillstande kommenden Fabrik. Hierdurch kann ganz plötzlich und mitten im Laufe des Vertrags das größte Misverhältniß zwischen der Versicherung und dem Erhaltungsinteresse des Besitzers entstehen. Vorsichtige Privatanstalten pflegen denn auch allen derartigen Verhältnissen Aufmerksamkeit zu schenken und sobald als thunlich eine Reduction der Versicherung herbeizuführen, während der öffentliche Betrieb sie vielfach ganz übersieht, ja zum Theil grundsätzlich davon abstrahirt. Die behördliche Controle ist vollends solchen Erscheinungen niemals wirksam entgegengetreten.

Bei gewissen Gegenständen des Mobiliarvermögens, z. B. Handelsartikeln und Bodenerzeugnissen, deren Preis der Conjunctur unterliegt, spielen ihrer Natur nach häufige und rapide Werthveränderungen eine noch ungleich größere Rolle. Es tritt dazu ein fortwährender, die größten Schwankungen einschließender Bestandswechsel. Da es nun ganz unmöglich ist, die Versicherung von Tag zu Tag oder selbst in längeren Zwischenräumen dem jeweiligen Vorrathsstande anzupassen, hat sich die Gesetzgebung hier von vornherein genöthigt gesehen, in weitem Umfang auf die präventive Bekämpfung der Ueberversicherung ausdrücklich zu verzichten. Fast alle Gesetze gestatten dem Kaufmann und Fabrikanten die ständige Versicherung seiner Waaren und Vorräthe zu dem nur selten erreichten Höchstbetrag, dem Landwirth die volle Versicherung seiner Ernte durch das ganze Jahr hindurch, während dessen sie successive aufgewirthschaftet wird. Es wird also die Ueberversicherung gerade auf demjenigen Gebiete, wo sie am häufigsten und im größten Maßstabe vorkommt und im Brandfalle oft am schwersten zu constatiren ist, als sozusagen chronischer Zustand förmlich sanctionirt. Als Bethätigungsfeld des Systems bleibt danach nur der Kreis der einfachen und dem Wechsel in geringerem Umfange unterworfenen Lebensverhältnisse übrig, auf welchem die gefürchtete Gefahr schon an sich sehr vermindert erscheint. Giebt es damit nicht seine eigene ratio preis?

Betrachten wir uns aber die Sache in der Praxis, — was finden wir? In der Hauptsache eine leere und nichtssagende Formalität, bestehend aus unendlichem Schreibwerk! Wäre diese Behandlungsweise nicht überall die Regel, wollten die Verwaltungsbehörden auch nur in häufigeren Fällen die Prüfung als eine ernstliche Sache nehmen, so würde der Weiterungen und Beschwerden kein Ende, die ganze Einrichtung dann aber auch wohl längst dem allgemeinen Unwillen erlegen sein. In der ungeheuren Mehrzahl der Fälle steht der controlirende Beamte vor unbekannten Verhältnissen und muß auf eine sichere Meinung resigniren. Wie sollte er sich, einer unlösbaren Aufgabe gegenüber, nicht sehr rasch gewöhnen die ihm vorliegenden Papiere unbesehen zu visiren und die geisttödtende, weil ganz unfruchtbare Arbeit möglichst kurz abzuthun? Unter den Millionen einzelner Versicherungen, welche alljährlich durch die Hände der Behörden laufen, ist die Zahl der Beanstandungen eine verschwindende; am häufigsten gehen sie von neuen Beamten aus, deren Eifer noch nicht an dem wiederkehrenden Einerlei gebrochen ist, und die sich noch nicht, wie man zu sagen pflegt, die Finger verbrannt haben.

Von den erhobenen Beanstandungen stellt sich nämlich ein guter Theil als bloß durch den Irrthum und die Unerfahrenheit des Beamten veranlaßt heraus. In einigen wenigen Fällen gelingt es ja wohl, eine wirkliche Ueberversicherung zu constatiren, zu allermeist ist es dann aber eine gutgläubige und der Schuldige nichts weniger als ein angehender Verbrecher. Solche einzelne Vorkommnisse besagen gegenüber der großen Masse schlechterdings nichts; doch leider bildet sich danach Der und Jener seine Ansicht. In Bayern hat man kurze Zeit hindurch den Versuch gemacht, der Controle dadurch eine größere Wirksamkeit zu geben, daß man den Schwerpunkt derselben in die Revisionsthätigkeit besondrer Beamten, nämlich der Inspectoren der staatlichen Gebäudeversicherungsanstalt legte; auch dieser Gedanke ist anerkanntermaßen ganz fehlgeschlagen und seit einiger Zeit geräuschlos wieder bei Seite gelegt.

Nicht anders als mit der Versicherungscontrole steht es auch mit derjenigen, welche über die Auszahlung von Brandentschädigungen geübt wird. Auch sie wird — von einzelnen Beispielen größerer Gewissenhaftigkeit abgesehen — im Großen und Ganzen als reine Formsache gehandhabt. Im Geltungsbereich des Preußischen Gesetzes von 1837 wird die Auszahlungsgenehmigung nicht einmal ausdrücklich, sondern durch stillschweigenden Ablauf der geordneten Frist ertheilt. Es darf wohl behauptet werden, daß auf diesem Wege kaum jemals eine von dem Versicherer selbst als berechtigt anerkannte und mit dem Gegentheil vereinbarte Entschädigung als eine übertriebene erkannt und auf das rechte Maß zurückgeführt worden ist. Wohl aber dient die polizeiliche Genehmigung nicht eben selten recht zweifelhaften, ja frivolen Schadensansprüchen zur Deckung. In Fällen, wo ein Paar Stiefeln zum Anwärmen in den Ofen gestellt wurden und dort verkohlten, oder der Hausherr bei geselligem Anlaß im Zimmer ein Salonfeuerwerk abbrannte und dadurch sein Tafelgedeck beschädigte, ist von Polizeibehörden schon anstandslos anerkannt resp. bescheinigt worden, daß ein vom Versicherten nicht verschuldeter Brand stattgefunden und der Auszahlung der geforderten Entschädigung polizeilicher Seits kein Bedenken entgegenstehe!

Wenn die bestehende Controle die Aufgabe, aus Ueberversicherungen hervorgehende betrügerische Brandstiftungen zu verhindern, auch nur einigermaßen zu erfüllen im Stande wäre, so würden die Versicherungsgesellschaften, als der nächstleidende Theil, darin lediglich eine willkommene Unterstützung erblicken können und sich den damit verbundenen Unbequemlichkeiten gern fügen. Wie die Sache aber liegt, haben dieselben die Einrichtung von jeher als für ihre Interessen völlig nutzlos erkannt und sich bei ihrem Geschäftsbetriebe niemals darauf als auf ein Schutzmittel von irgend welchem Werthe verlassen. Wir haben im Vorstehenden theoretisch und nach der Art der Handhabung die Unlösbarkeit der Aufgabe gezeigt. Thatsächlich fehlt es denn auch an allem und jedem Nachweis eines praktischen Erfolges. Das Einzige, was äußersten Falls dargethan werden könnte, wäre, daß in einer gegenüber dem Ganzen verschwindenden Anzahl von Fällen eine Correctur der Versicherungssumme nach unten stattgefunden hat. Eine Einwirkung dieser wenigen Fälle auf die Verminderung des Verbrechens wird sich überhaupt nie feststellen lassen. Aber auch nur über den Umfang der eingetretenen Beanstandungen fehlt es an Ausweis. Nachdem das Preußische Abgeordnetenhaus im Jahre 1877 eine auf Aufhebung der Controle gerichtete Petition des Verbandes deutscher Privatfeuerversicherungsgesellschaften der Königlichen Staatsregierung zur Berücksichtigung überwiesen hatte, hat letztere zwar eine Erhebung über die Zahl der in den beiden Vorjahren erfolgten Inhibitionen veranstaltet; das Resultat ist jedoch bis zur Stunde nicht bekannt geworden. Es würde auch noch sehr wenig besagen; denn nicht bloß auf den Einspruch der Behörde, sondern auf seine Berechtigung kommt es an, welche nur durch eingehende Erörterung des einzelnen Falles, durch eine rein ziffermäßige statistische Erhebung überhaupt nicht eruirt werden kann. Uebrigens war der Werth jener Enquête schon in der Einleitung dadurch sehr beeinträchtigt, daß das anordnende Ministerialrescript den befragten Stellen die einer Aufhebung der Controle entgegenstehenden Bedenken vorhielt und somit der über die Registrirung von Thatsachen hinausreichenden Beantwortung alsbald eine bestimmte Richtung anwies.

Neuerdings hat man nun, namentlich von Seiten der mit dem Privatbetrieb concurrirenden Sozietäten, der Controle noch eine andre Seite abzugewinnen gesucht: sie soll das versichernde Publikum gegen die Ausbeutung durch die Privatgesellschaften und ihre Agenten schützen, welche die Ueberversicherung aus Erwerbssucht begünstigten. Was zunächst das Thatsächliche dieser Anschuldigung betrifft, so stellt sie Zustände als vorhanden hin, welche in Wahrheit jeder allgemeinen Realität entbehren. Es ist dies eine jener Uebertreibungen von einzelnen Vorkommnissen oder bloßen Möglichkeiten, denen die Meinung des Tages leider so leicht zugänglich ist. Der Versuch, den Anstalten im Widerspruch mit ihren eigensten Interessen, das „Hineintragen der Neigung zur Brandstiftung in alle Häuser" anzudichten, wie es jene Ankläger thun, fällt doch wohl in sich selbst zusammen. Daß dagegen hie und da einmal einen Agenten sein durch die Aussicht auf eine etwas höhere Provision erweitertes Gewissen dazu bestimmen mag, dem Antragsteller eine reichliche Versicherung seines Mobiliars (bei Gebäuden schneidet es schon die Taxe ab) anzurathen, wollen wir nicht in Abrede stellen. Diese Versuchung ist, wenn der Mann danach ist, auch bei Vertretern öffentlicher Anstalten nicht ausgeschlossen, deren Vergütung auch vielfach in Prozenten des Beitrags besteht. Daß derartige Ausschreitungen aber anders als vereinzelt vorkommen, ist völlig unerweislich. Vor Allem kommt ihnen keinerlei Neigung von Seiten des Publikums entgegen; wer das Versicherungsgeschäft aus der Nähe kennt, weiß in welchem Maße die Anstalten vielmehr umgekehrt mit der Neigung zu karger und unzureichender Versicherungsnahme und mit den daraus im Schadensfalle unvermeidlich erwachsenden Enttäuschungen und Verdrießlichkeiten zu kämpfen haben. Gegen Uebervortheilungen der angedeuteten Art kann sich der Einzelne vollkommen selbst wahren, und er kann es in der That allein. Auch der gemeine Mann steht in unserem Volke nicht auf einer so niederen Stufe der Einsicht, daß sich die Obrigkeit bei dergleichen Rechtsgeschäften seiner anzunehmen und ihn gegen seine eigene Leichtfertigkeit zu schützen hätte. Die Polizeigewalt hat hier überhaupt keinen Beruf, und sie hat noch weniger die Macht mit Erfolg zu handeln. Die Controle ist aus allen schon dargelegten Gründen eben schlechthin unfähig, Ueberversicherungen zu verhindern, mögen sie mit oder ohne Begünstigung von der Seite des Versicherers zu Stande gebracht werden.

Wäre die Controle wirklich das Radicalmittel, wofür ihre Verehrer sie ausgeben, so müßten Zustände und Wahrnehmungen in denjenigen Gebieten, in denen sie nicht besteht, von denen ihres Geltungsbereichs wesentlich zu Ungunsten abweichen. Auch in dieser Hinsicht fehlt es an jedem Nachweis ihres ursächlichen Zusammenhangs mit der minderen oder größeren Häufigkeit von Speculationsbränden; ja es sprechen entschiedene Thatsachen gegen einen derartigen Zusammenhang und weisen vielmehr auf wirthschaftliche Zustände, den Geist der Bevölkerung im Allgemeinen, den Stand der Sicherheitspolizei und Strafrechtspflege u. A. als die eigentlich bestimmenden Momente. Nirgends war die Controle seit Alters schärfer ausgebildet als in Sachsen; und unter diesem System ist das Land lange Zeit hindurch das brandreichste in ganz Deutschland, ja der Sitz förmlicher Epidemieen jenes Charakters gewesen.

Die Controle schließt aber weiter sogar Wirkungen ein, welche direct als schädliche und gefährliche bezeichnet werden müssen. Wir wollen nicht ausführlich bei den oft auseinandergesetzten Nachtheilen verweilen, welche durch den schleppenden behördlichen Geschäftsgang, besonders bei eintretenden Beanstandungen hervorgerufen werden; monatelang kann hier, wie es denn auch schon oft genug der Fall gewesen, bis zur Erschöpfung des Beschwerdewegs der Inhalt des beabsichtigten Vertrags im Ungewissen und seine Perfection suspendirt bleiben, während dessen dem Versicherungsnehmer jeder Rechtsanspruch abgeht und er im Schadensfalle auf den guten Willen der Gesellschaft angewiesen ist. Daß letztere ihm unter solchen Umständen vorläufige Deckung zusage, ist neuerdings in einem deutschen Lande sogar ausdrücklich verboten worden. Man vergegenwärtige sich aber, welchen ungeheuren Apparat im Ganzen auch schon die rein formale Handhabung erfordert, welche Summe von Arbeit und Kosten an einen eingebildeten Zweck verschwendet wird! Die in einigen Ländern erhobenen Sporteln und die Mühwaltung der Behörden bilden davon nur den kleineren Theil. Die Hauptlast trifft in erster Linie die Anstalten und ihre Agenten, welche das schriftliche Material, alljährlich viele Millionen von Duplicaten der Anträge und zum Theil sogar der Versicherungsscheine herstellen, vielfach selbst in schriftlichen wieder mit Porto und dergleichen Auslagen beschwerten Verkehr mit den Behörden treten müssen. Es wird dadurch zunächst der Aufwand der Verwaltung, namentlich in dem Posten der Agenturvergütung, ganz wesentlich gesteigert, im letzten Erfolg aber der Preis der Versicherung vertheuert. Auf die Rechtsanschauung des Volkes über den Inhalt des Versicherungsvertrags und die dadurch begründeten Rechte wirkt die Controle fort und fort verwirrend; sie erzeugt und erhält nachweislich die Meinung, daß die obrigkeitliche Genehmigung einer Versicherung von vornherein auch dem Schadensanspruch in gleicher Höhe die Berechtigung verleihe, und arbeitet hierdurch ihrem eigenen Zwecke entgegen. Die schreiendsten Misstände hat sie endlich im Bereiche der Preußischen Sozietäten im Gefolge. Diese Institute selber sind für die Gebäudeversicherung grundsätzlich von der Controle befreit; soweit ihr

Mobiliarversicherungsbetrieb derselben nominell unterliegen soll, ist es ein bloßer Schein, denn vermöge ihres engen Zusammenhangs mit der öffentlichen Verwaltung kommt die Sache thatsächlich auf eine Selbstcontrole hinaus. Eben jene Verbindung aber legt die Ueberwachung des Privatbetriebs mehr oder weniger in die Hände von Sozietätsorganen. In diesem Verhältniß, welches wir schon wiederholt zu berühren Anlaß hatten, ist die Controle geradezu zu einem Concurrenzmittel der widerlichsten und unerträglichsten Art geworden. Sie gewährt den Sozietäten nicht allein Kenntniß von dem Geschäft ihrer Concurrenten, sondern auch die Handhabe, diesen durch Beanstandungen aller Art und sonstigen Gebrauch der Amtsmacht ihre Stellung zu erschweren, dadurch den Privatbetrieb in den Augen des Publikums zu discreditiren und für die Benutzung der öffentlichen Anstalten zu werben. Die Beschwerden der Privatanstalten, die parlamentarische Fürsprache, selbst die wenigstens theoretische Misbilligung der Staatsregierung sind bis jetzt außer Stande gewesen, jenem Unwesen zu steuern. Nur die Beseitigung der Controle kann hier eine wenigstens äußerliche Parität herstellen, ohne welche das Nebeneinanderwirken des öffentlichen und Privatbetriebs auf gleichem Felde ein ungleicher Kampf bleibt, dem Misbrauch auf der einen, Erbitterung auf der andren Seite stets einen häßlichen Charakter aufprägen wird. Sie wird zwar noch nicht die amtliche Einwirkung zu Gunsten der Sozietäten aus der Welt schaffen, aber sie wird ihr doch das am wenigsten zu rechtfertigende Mittel entwinden.

Daß eine Einrichtung, welche ihren Ursprung in einer längst überwundenen Auffassung von den Aufgaben und dem Einwirkungsvermögen der Staatsgewalt und für deren Zweckerfüllung eine vierzigjährige Erfahrung nichts erbracht hat, nicht längst dem freieren Geisteszuge der fortgeschrittenen Zeit gewichen ist, kann schwer begreiflich scheinen. Es liegt aber eben in dem Wesen rein büreaukratischer Gewohnheiten, daß ihre Träger sich aus dem dadurch gezogenen Gedankenkreis nur schwer zu befreien und den Blick darüber hinaus zu einer unbefangenen Schätzung der wirklichen Bedürfnisse und Mächte des Lebens zu erweitern vermögen. So hat man auch hier seit Jahrzehnten sich in eine Täuschung über die Machtsphäre der öffentlichen Verwaltung eingelebt, eine papierene Sicherheit für eine Realität gehalten und sich in dem Glauben befestigt, daß das Visa einer Behörde den Verträgen über die Versicherung gegen

Feuersgefahr eine correcte Grundlage zu sichern vermöge. Auch wo die Ueberzeugung von dem Nutzen der Controle keine ganz positive ist, hält man doch vielfach wenigstens den Beweis des Gegentheils noch nicht für geführt, und dem Gedanken einer Trennung von dem Bestehenden tritt die Furcht vor dem Unbekannten, das danach kommen werde, entgegen. Wir an unserem Theile behaupten mit aller Zuversicht, gestützt auf die Erfahrung in denjenigen Landestheilen, wo man die Controle nie gekannt, und in Bayern, wo man sie ohne jede Schädigung des Gemeinwohls seit nunmehr 8 Jahren des präventiven Charakters entkleidet hat, daß die völlige Beseitigung sich ohne jede bleibende oder auch nur vorübergehende Gefahr vollziehen würde. Und darum wünschen und hoffen wir, daß die Gesetzgebung des Reichs endlich den Muth zu diesem Schritte finden möge, von dem eine unerklärliche Scheu bisher die Landesgesetzgebung in einem großen Theile von Deutschland zurückhielt. Man fasse nur etwas mehr Vertrauen zu dem sittlichen Charakter unseres Volkes, zu unserer verbesserten Rechtspflege, und auch zu den wirklichen Garantien, welche das instinctive Interesse der Versicherer sich selber zu schaffen vermag und welche unsere Assecuranz thatsächlich besitzt und bietet.

Wir gehen aber noch weiter und fordern, daß man den ganzen Begriff der Ueberversicherung und ihre Strafbarkeit über Bord werfe. Es ist wohl das einzige Beispiel, daß man eine Handlung, deren gänzliche Vermeidung auch dem Vorsichtigsten und Gewissenhaftesten nur auf Kosten der Sicherung seines Eigenthums möglich ist, welche in unzähligen Fällen unbewußt begangen wird, in andren oft aus vollkommen legitimen Absichten entspringt, an sich aber weder ein materielles noch moralisches Interesse verletzt, lediglich deshalb proscribirt, weil sie in einigen wenigen Beispielen zum Motiv eines Verbrechens wird. Man halte sich doch gegenwärtig, daß die Ueberversicherung nicht schon als solche Schaden anrichten kann, sondern erst bei Hinzutritt eines verbrecherischen Entschlusses. Dasselbe kann auch die Versicherung, welche nur den wirklichen Werth umfaßt oder selbst dahinter zurückbleibt; denn es kann unter gegebenen Verhältnissen für den Versicherten ein sehr großer Vortheil darin liegen, diesen Werth, ohne jeden Gewinn, nur momentan zu realisiren und in Geld umzusetzen. Welcher Widerspruch ferner und welche Trübung des Rechtsbewußtseins, daß das Gesetz selbst die nämliche Handluug, die es für die Gegenstände des gewöhnlichen Besitzes von Jedermann im Augenblick der Versicherungsnahme unter Strafe stellt, für ganze große Gattungen von Vermögenswerthen und außerdem überall da straflos lassen muß und läßt, wo die Werthverminderung erst nach abgeschlossenem Vertrage eintritt! Das Verbot der Ueberversicherung ist denn auch thatsächlich so wenig in's Volksbewußtsein eingedrungen und kann mit so wenig Nachdruck gehandhabt werden, daß es täglich und in Tausenden von Fällen ungestraft übertreten wird. Das allein sollte schon auf die Wahrheit hinweisen, daß das Delict ein künstlich geschaffenes ist, dem keine sittliche Anschauung zu Grunde liegt. Der Gedanke, dasselbe aus unserem Strafcodex ganz auszumerzen, verliert aber auch aus dem Gesichtspunkt der öffentlichen Ordnung all und jeden Schrecken, sobald ihm nur der Grundsatz gegenübergestellt und consequent gehandhabt wird: daß die Entschädigung das Vermögensinteresse des Versicherten zur Zeit des Verlustes nicht überschreiten darf. Hierin liegt die denkbar vollkommenste Garantie; eine absolute zu schaffen ist nicht möglich*).

Wer für Reform in dem vorstehenden Sinne plaidirt, muß auf die Frage gefaßt sein: was soll an die Stelle des Bisherigen gesetzt werden? Diese Frage ist freilich insofern selbst eine müssige, als man eine für schlechthin nutzlos erkannte Einrichtung unter allen Umständen beseitigt, mag ein Ersatz vorhanden sein oder nicht. Indeß gibt es nach unserer Auffassung außer dem allgemeinen Strafgesetz ja allerdings Schutzmittel, welche dem Zwecke dienen können, sobald man diesen nur in die Vereitelung verbrecherischen Misbrauchs der Assecuranz setzt, nicht in die formale Verhütung von Ueberversicherungen. Der Pflege dieser Mittel kann auch die Gesetzgebung dienen, und hierüber wollen wir uns noch kurz aussprechen.

---

*) Wir haben im Texte die nach manchen Landesgesetzen besonders unter Verbot gestellte Doppelversicherung nicht weiter berührt. Es werden unter diesem Begriff mehrfach zwei durchaus verschiedene Fälle mit Unrecht zusammengeworfen. Ganz unverfänglich ist die, in der Praxis nicht zu missende getheilte Versicherung eines Risikos bei mehreren Anstalten nach Quoten des Gesammtwerthes; ihre Beschränkung entbehrt jeder Rechtfertigung, der Gesetzgeber hat überhaupt keinen Anlaß sich damit zu beschäftigen. Eigentliche Doppelversicherung liegt dagegen nur in der mehrfachen Versicherung eines und desselben Werthes; es kommt auch dies, und zwar selbst unter dem Controlesystem, vereinzelt vor, die Fälle sind indeß sehr selten. Materiell fallen sie mit der Ueberversicherung zusammen. Die Beschränkung der Entschädigung auf den wirklichen Verlust schließt auch hier die etwaige Gefahr der Sache aus. Im Uebrigen schützen sich die Gesellschaften dagegen völlig wirksam durch ihre Versicherungsbedingungen, sodaß eine weitere polizeirechtliche Vorkehrung überflüssig erscheint.

Vorweg müssen wir uns prinzipiell dagegen erklären, die Controle auch nur in der gemäßigten Form des bayrischen Verfahrens mit nachträglicher Anzeige beizubehalten, beziehungsweise zu verallgemeinern. Nach unserer unumstößlichen Ueberzeugung ist auch dies eine durchaus entbehrliche Formalität ohne jeden erweislichen Nutzen. Im Uebrigen wollen wir gern anerkennen, daß diese Einrichtung von allen ihres Gleichen die verständigste und rücksichtsvollste ist, daß sie einige der hauptsächlichsten Benachtheiligungen und Quälereien vermeidet, den eigentlichen Geschäftsbetrieb wenig beschwert und von den Anstalten mit mäßigem Arbeits- und Kostenaufwand ohne allzugroße Unbequemlichkeit getragen werden kann. Sie werden daher derselben kaum ernstlich widerstreben, falls die Gesetzgebung darin in der That noch ein Moment der Beruhigung oder vielleicht eine Ausgleichung entgegengesetzter Wünsche finden sollte. Nur die Gefahr liegt immer noch vor, daß die mit den Privatanstalten concurrirenden Sozietäten auch auf diesem Wege Einblick in das Geschäft der ersteren erhalten. Hiergegen müßte selbstverständlich Schutz verlangt werden; wir bezweifeln, daß er bei der nun einmal bestehenden und auch nicht völlig zu lösenden Verquickung des öffentlichen Betriebs mit den Organen der Staats- und Communalverwaltung wirksam verbürgt werden könnte.

Weiter knüpfen wir an die von den Versicherungsanstalten schon von freien Stücken befolgte Regel an, Gebäudeversicherungen nur auf Grund vorgängiger Abschätzung durch Sachverständige abzuschließen. Dieses Verfahren, welches neuerdings bei dem Publikum öfters auf Widerspruch stößt und dem gegenüber von den Anstalten leider in einzelnen Fällen preisgegeben wird, wäre zweckmäßig durch das Gesetz obligatorisch zu machen. Daß auch darin weder überall noch auf die Dauer eine Gewähr für die Uebereinstimmung von Versicherung und Interesse liegt, wurde zwar gezeigt. Immerhin wird damit doch erreicht, daß innerhalb der Gränzen des Möglichen und für eine große Mehrzahl von Fällen der Vertrag eine richtige Grundlage erhält. Das Gesetz hätte aber ferner, wenn es diesen Nutzen schaffen soll, auch die allgemeine Qualification der Taxatoren zu bestimmen. Wir meinen damit selbstverständlich nicht etwa, daß die Privatgesellschaften wieder an die Taxatoren der Sozietäten gebunden werden sollen, wie es früher vielfach der Fall war und erst neuerlich, wegen des auch damit verbundenen Concurrenzmisbrauchs, gesetzlich abgeschafft worden ist. Die durchschnittliche Sachkunde dieser Taxatoren ist auch keineswegs einwandfrei. Die Sozietäten pflegen nämlich die Taxkosten nicht ihren Versicherten zu berechnen, sondern selbst zu bestreiten, und verwenden, damit diese Ausgabe nicht zu hoch anwachse, ein Sachverständigenpersonal von zum Theil recht ungenügender technischer Ausbildung.

Auf dem Gebiete der Mobiliarversicherung kann etwas Aehnliches, wie die Vorabschätzung der Gebäude, ein für alle Mal nicht geboten werden. Die Declarirung der Grundlagen der Versicherung und die Bestimmung der Summengrenze, bis zu der sich die Garantie des Versicherers bei einem Totalschaden äußersten Falls erstrecken soll, muß hier nach der Natur der Verhältnisse lediglich dem Versicherten beziehungsweise der freien Vereinbarung überlassen bleiben. Es kann dies auch ohne jedes Bedenken geschehen, sobald nur die richtige Entschädigungsmaxime gesichert wird.

Für diese, in der wir bei der Gebäude- wie Mobiliarversicherung den eigentlichen Kern der Sache erblicken, wünschen und fordern wir nun vor Allem eine schärfere gesetzliche Ausgestaltung. Die Grundsätze über die Schadensleistung, d. h. die Vertragserfüllung von Seiten des Versicherers, sind im Allgemeinen ja civilistischer Natur und würden — soweit sie überhaupt gesetzlicher Fixirung bedürfen und nicht ganz der Vertragswillkür zu überlassen sind — durch das bürgerliche Recht zu definiren sein. Aber die Bestimmung des directen Vermögensinteresses als der absoluten Grenze erlaubter Entschädigung wird doch eben durch Rücksichten der öffentlichen Moral und der gemeinen Wohlfahrt bedingt. Die Erklärung dieses Rechtssatzes hat deshalb auch in einem Verwaltungsgesetz ihren berechtigten Platz; ja wir meinen, sie müßte sogar hier vorausgehen, um dem bürgerlichen Gesetzgeber die allgemeine Richtschnur zu liefern, nach der er die Rechte und Pflichten der Vertragsparteien weiter zu ordnen hätte. Auch was sonst etwa von Seiten der öffentlichen Gewalt zur wirksamen Durchführung dieses Prinzips noch geschehen kann, wird seine Stelle in dem Versicherungsgesetz zu finden haben.

Geradezu unbegreiflich erscheint die Verblendung, mit welcher die bisherige Gesetzgebung, die doch von der Tendenz durchdrungen war, den in der Versicherung liegenden Anreiz zum Verbrechen zu unterdrücken, zum Theil ihrer eigenen Absicht durch Beschränkung jenes wichtigen Prinzips entgegengehandelt hat. So bestimmt u. A. das Sächsische Gesetz, daß die Anstalten den Inhalt der Police dem Versicherten gegenüber so lange und insoweit als für sie verbindlich anzuerkennen haben, als sie ihm nicht Betrug oder Irrthum nachzuweisen vermögen. Aehnliche Bestimmungen hatten sich auch der Preußische Entwurf von 1869 und der Coburg-Gothaische von 1878 angeeignet. Es wird hier also eine gesetzliche Präsumtion aufgestellt, daß die nach den declaratorischen Angaben des Versicherungsnehmers aufgemachte Versicherung sich mit dem wirklichen Vermögensstande zur Zeit, nicht nur der Versicherungsnahme, sondern des eintretenden Schadens decke; die Vermuthung kann nur durch Beweisführung des Versicherers, also desjenigen Theils, dem die geringere, in der Regel gar keine Kenntniß der thatsächlichen Verhältnisse beiwohnt, umgestoßen werden. Hier handelt es sich nicht mehr um Mistrauen gegen den Versicherten, sondern gegen die Assecuranz. Durch derartige Maximen wird die Ueberversicherung geradezu herausgefordert und geschützt, die Gefahr verbrecherischen Misbrauchs erst in dieselbe hineingetragen. Daß unter einer Gesetzgebung dieses Geistes die bedenklichsten Erscheinungen, wie in Sachsen, zu Tage getreten sind, kann nicht Wunder nehmen. Wir verlangen dem gegenüber die vorbehaltlose Sanction des reinen Entschädigungsprinzips auf Grundlage der natürlichen Beweislast, unter Nichtigerklärung entgegenstehender Verabredungen. Bei der Veränderlichkeit des Interesses an sich, sowie des Geldwerthes, welcher demselben zum Ausdruck dient, kann es keine andere vernünftige Regel geben, als daß dasselbe bei Eintritt des Schadens nach dessen Umfang und für diesen Zeitpunkt speziell ermittelt wird, zunächst durch Verhandlung und Vereinbarung der Parteien, eventuell im schiedsrichterlichen oder prozessualischen Wege. In allen Fällen liegt es nothwendig an erster Stelle dem Beschädigten ob, seinen Schaden zu berechnen und glaubhaft zu machen. Diese durchaus natürliche und billige Anforderung stößt, wie wir wohl wissen, bei den Beschädigten zuweilen auf Widerspruch. Diese finden schon das Ansinnen, ihren Schaden nur mit einiger Spezification zahlenmäßig darzustellen, unbequem und belästigend und erwarten für die oberflächlichsten Angaben unbesehen Anerkennung. Allein zu Zugeständnissen an eine so leichtfertige Behandlung wichtiger Geschäfte liegt sicherlich kein Anlaß vor. So hat auch das Gesetz allen Grund, ein in neuerer Zeit namentlich in industriellen Kreisen hervortretendes Bestreben zu reprobiren. Es wird nämlich den Anstalten immer häufiger von den Versicherten angesonnen, der Versicherung nicht bloß für Gebäude, sondern auch für Maschinen und Aehnliches eine Taxe mit der Wirkung zu Grunde zu legen, daß dieselbe für kürzere oder längere Zeit auch den Maßstab einer etwaigen Entschädigung abgeben solle. Es würde damit die sogenannte taxirte Police, wie sie die Seeversicherung kennt und nach den hier obwaltenden ganz besondren Verhältnissen allerdings nicht wohl entbehren kann, in die Feuerversicherung eingeführt werden und diese, entgegen dem bisherigen Recht, in bedenklichster Weise zu einer Summenversicherung umgestalten*).

In dem Verhältniß der Vertragsparteien unter sich findet die consequente Durchführung der Entschädigungsmaxime ihre vollkommen ausreichende Gewähr an dem eigenen Interesse des Versicherers. Sie hat zugleich nach dieser Seite ihren Schutz, andererseits aber auch, — d. h. insofern sie vom Versicherer formalistisch oder gar chicanös übertrieben werden sollte, — ihr Correctiv an einer freien Judicatur. Für eine polizeiliche Genehmigung der unter den Parteien vereinbarten Schadenshöhe finden wir daneben keinen Platz mehr; sie hat weder Zweck noch Nutzen. Wohl aber würden wir uns aus einem andren Gesichtspunkte damit befreunden können, wenn auch künftig die Auszahlung von Brandentschädigungen durch eine obrigkeitliche Erklärung bedingt bliebe. Es kann mit Fug und Recht das öffentliche Interesse dafür angerufen werden, daß die Entschädigung nicht geleistet werde, bevor durch eine sorgfältige Untersuchung des Brandfalles und seiner Entstehung zur Genüge aufgeklärt ist, daß auf den Versicherten kein Verdacht absichtlicher Anstiftung falle. Nach dieser Seite aber fehlt es leider oft und vielerorten an willfährigem und entschiedenem Einschreiten. Es ist betrübend wahrzunehmen, wie manche Polizeibehörden, während auf die Controle der Versicherungsnahme so viel unnütze Zeit und Schreiberei verwendet wird, die so viel wichtigere Erforschung vorfallender Brände vernachlässigen, den Anträgen der Versicherungsanstalten mit Mistrauen und Uebelwollen begegnen und deren Mitwirkung zurückweisen. Wir würden es daher als eine Wohlthat begrüßen, wenn das Versicherungsgesetz sich auch den Erlaß gleichmäßiger Vorschriften über die Untersuchung der Brandfälle angelegen sein ließe. Erfüllen die Behörden in dieser Beziehung ihren Beruf Hand in Hand mit den Versicherungsanstalten mit Eifer und Gewissenhaftigkeit, kann kein Versicherter darauf rechnen, außer dem Versicherer auch die mit ganz andren Mitteln der Wahrheitserforschung

---

*) Von Preußischen Behörden sind Stipulationen der besagten Art in neuerer Zeit auch ausdrücklich reprobirt und für gesetzwidrig und rechtsunwirksam erklärt worden.

ausgestattete Behörde leichthin zu täuschen und die Genehmigung zum Empfang seiner Schadenssumme als bloße Formalität zu erlangen, so wird auch die verbrecherische Speculation sich das Handwerk ernstlich erschwert finden. Für die Erklärung, welche die Ausreichung der Entschädigung legalisirt, dürfte nach unserem Gedanken allerdings nicht mehr die Polizeibehörde, sondern nur die Staatsanwaltschaft zuständig sein.

Daß unsere vorstehenden Vorschläge auch auf den öffentlichen Feuerversicherungsbetrieb Anwendung finden könnten und müßten, wird keiner weiteren Begründung bedürfen. Sie enthalten sicherlich nichts was von diesem als mit seinem Bestande unverträglich zurückgewiesen werden könnte.

Mit der Polizeicontrole hingen endlich bisher mehr oder weniger auch die Vorschriften mancher Landesgesetze über die Buchführung der Agenten zusammen. Es wird nichts dagegen zu erinnern sein, wenn auch das Reichsgesetz diesen Organen zur Pflicht macht, über die wesentlichen Daten der durch ihre Vermittelung geschlossenen Versicherungen buchmäßige Aufzeichnungen zu führen. Dadurch wird lediglich mit dem Charakter der Rechtsvorschrift bekleidet, was auch schon die Gesellschaften als einen Bestandtheil ihres inneren Dienstes geordnet haben. Mit dem Wegfall der Controle hört es natürlich auf, einen Bestandtheil derselben zu bilden. Aber es hat auch als rein gewerberechtliche Vorschrift die Bedeutung, ein gewisses Maß geschäftlicher Ordnung zu verbürgen. Die Untersuchung von Brandfällen kann darin zuweilen eine prompte Unterstützung finden; die Verpflichtung, diese zu leisten, wäre, soweit sie nicht schon durch die allgemeinen Gesetze begründet ist, ausdrücklich zu statuiren.

---

7. Die Centralstelle.

Die Verfassung weist dem Reich nicht allein die Gesetzgebung, sondern auch die Aufsicht über das gesammte Versicherungswesen zu. Es hätte seiner Zeit wohl die Frage aufgeworfen werden können: ob nicht damit ohne Weiteres die bisherige Landesoberaufsicht auf den Bundesstaat übertragen war und das neue Verhältniß nach dieser Seite zunächst lediglich im administrativen Wege zu ordnen gewesen wäre? Das Reich hat jedoch thatsächlich auch die Aufsicht bisher nicht an sich genommen, und es ist andrerseits ja auch anzuerkennen, daß bei den großen Verschiedenheiten, welche der Inhalt dieses Hoheitsrechts nach den Landesgesetzen aufweist, eine vorherige Ausgleichung im Wege der Gesetzgebung mindestens zweckmäßig erscheinen mußte. Daß nun aber künftig die in der Aufsicht liegende fortlaufende Verwaltungsthätigkeit nur in einheitlichem Geiste von ein und derselben Stelle aus geübt werden kann, ist selbstverständlich; es folgt aus denselben, in dem Wesen der wichtigsten Versicherungszweige und der gegebenen Verfassung unseres Assecuranzwesens begründeten Rücksichten, welche auch die Herstellung der Rechtseinheit zu einer so dringenden Aufgabe der nationalen Wirthschaftspflege machen. Von vorn herein erscheint es danach ausgeschlossen, daß das Reich sein Aufsichtsrecht etwa wiederum den Landesbehörden delegire. Vielmehr kann es dasselbe nur unmittelbar handhaben und zu dem Ende einer eigenen Centralstelle nicht entbehren. Dieser Gedanke hat sich denn auch vom ersten Augenblick an mit einer gewissen Naturnothwendigkeit geltend gemacht und ist von den gewiegtesten Stimmen als der Schlußstein der neuen Gesetzgebung hingestellt worden.

Die Ausstattung einer solchen obersten Reichsbehörde wird natürlich wesentlich bedingt sein durch Umfang und Inhalt der ihr gesetzten Aufgaben. Nach den Grundsätzen, die wir im Vorstehenden bezüglich der Feuerversicherung für die künftigen Beziehungen zwischen der öffentlichen Verwaltung und den einzelnen Assecuranzunternehmungen entwickelt haben, und denen zufolge weder die Errichtung der letzteren an eine staatliche Prüfung und Genehmigung ihrer Grundlagen gebunden sein, noch die Geschäftsführung einer regelmäßigen Beaufsichtigung unterliegen soll, wird die unmittelbar eingreifende Thätigkeit der Behörde kein großes Feld haben; ihren hauptsächlichen Gegenstand würde gegebenen Falls die Untersuchung der Lage einzelner Anstalten nebst den sich daran knüpfenden Maßregeln bilden. Dagegen erblicken wir den ununterbrochenen Beruf und den eigentlichen Schwerpunkt der Aufsichtsführung in einer umfassenden Beobachtung, der wir die weitesten Ziele stecken. Sie soll sich keineswegs darauf beschränken, die formale Befolgung der gesetzlichen Vorschriften zu überwachen. Vielmehr soll sie den Stand und die Entwickelung des

Wirthschaftszweigs, im Ganzen wie in den einzelnen zu Tage tretenden Erscheinungen, unausgesetzt verfolgen und ihr Augenmerk auf eine jederzeitige vollständige Orientirung richten. Es wird dies allerdings zunächst eine längere Vorbereitung erheischen, ferner aber auch die Heranziehung des technischen Elementes in gewissem Umfang und geeigneter Form zur bleibenden Voraussetzung haben.

Die Reichsaufsichtsbehörde würde zu dem Ende nach unserer Vorstellung vor Allem die große Sammelstelle bilden, an der sich alle der Publizität unterstehenden Materialien der einzelnen Versicherungsinstitute zusammenfinden. Die die geschäftlichen Grundlagen der Unternehmungen enthaltenden Schriftstücke, welche der Registrirung unterliegen, wären daselbst — sei es von den Anstalten oder durch Vermittelung der Registerbehörden — in zweiter Ausfertigung einzureichen. Die periodischen Rechnungsabschlüsse und Geschäftsausweise aber würden hier originaliter in beglaubigter Form zu deponiren sein. Auch die Staatsmonopolanstalten, auf welche die besonderen Formen der Publizität nach unseren Vorschlägen keine Anwendung finden sollen, würden doch wenigstens zu verpflichten sein, der Reichsbehörde die entsprechenden Nachrichten zu liefern. Eine so beschränkte Anforderung kann unmöglich bei den Einzelregierungen Anstoß erregen. Unerläßlich scheint dieselbe für die Herstellung einer umfassenden Statistik, die wir als eine ganz hervorragende, überaus nützliche und dankbare Aufgabe der künftigen Centralstelle ansehen. Die zerstreuten Arbeiten, welche bisher auf diesem Felde, theils von den statistischen Bureaux der Einzelstaaten, theils von privater Seite, geliefert worden sind, weisen, bei unleugbaren Verdiensten, doch naturgemäß noch manche Lücken und Mängel auf, die auch nur durch eine einheitliche Leitung von amtlicher Stelle überwunden werden können. Was speziell die Feuerversicherung angeht, so ist die bisherige amtliche Statistik zum Theil in recht einseitiger Weise nach den Gesichtspunkten des öffentlichen Betriebes ausgebildet worden. Ueberhaupt aber existirt hier nicht viel mehr als eine Geschäftsstatistik; an einer allgemeinen Versicherungsstatistik und noch mehr an einer solchen für das so wichtige Gebiet der Brandursachen gebricht es gänzlich. Die vergleichenden Arbeiten, welche, auf durchweg authentischem Materialien beruhend, von der Reichsbehörde zu erwarten sind, werden den Versicherungsunternehmungen selbst ein schätzbares Hülfsmittel bieten. Sie werden ferner dem Moment der Publizität, welches die Signatur der künftigen Gesetzgebung bilden soll, eine wesentlich verstärkte Wirkung leihen. Ihre Ergebnisse aber werden noch über den Bereich der Assecuranz hinaus auch für die allgemeinen Aufgaben der Staatsverwaltung werthvolle und nutzbringende Beobachtungen liefern.

Werden die Aufgaben der Centralverwaltung in dem vorbezeichneten Rahmen richtig erfaßt und erfüllt, so wird derselben ein hohes Maß von Ansehen und Einfluß nicht fehlen, auch ohne daß sie mit einschneidenden Machtmitteln ausgerüstet erscheint. Schon durch das Gewicht ihrer Autorität wird sie in den Stand gesetzt sein, auf zwanglosem Wege nach den verschiedensten Seiten anregend und bessernd einzuwirken. Daß künftige Entwickelungen und veränderte Zustände ihr als Wächterin der öffentlichen Interessen in der Folge auch erweiterte Functionen zuweisen können, wird von vornherein nicht in Abrede zu nehmen sein. Spätere gesetzliche Maßnahmen werden alsdann aus ihren eigenen Wahrnehmungen und Erfahrungen naturgemäß hervorwachsen. Ihre Initiative nach dieser Richtung wird sicherlich vor dem bewahrt sein, was unsere bisherige einzelstaatliche Versicherungsgesetzgebung so unvortheilhaft kennzeichnet, deren Fürsorge und Pflege, ohne eindringende Sachkenntniß und weiteren Gesichtskreis, sich fast durchweg nur in den Bahnen des büreaukratischen Experimentes bewegt hat.

Nach der gegenwärtigen Organisation der Reichsbehörden fällt das Versicherungswesen in den Geschäftskreis des Reichsamts des Innern. Auch ein zu errichtendes besondres Versicherungsamt würde nur von jenem dependiren können. Der Frage indeß, ob die Centralstelle für die Beaufsichtigung des Versicherungswesens dergestalt zu einem selbständigen Verwaltungskörper formirt werden, oder unmittelbar im Reichsamt des Inneren, dessen Geschäftskreis ja gegen früher wesentlich eingeschränkt ist, aufgehen soll, legen wir keine große Bedeutung bei. Wir halten die zweite Alternative, mindestens für den Anfang, recht wohl für angänglich, und meinen daß die Bildung einer abgesonderten Zweigbehörde der Zukunft vorbehalten bleiben könnte. Dabei gehen wir davon aus, daß der umfassendste Theil der Arbeiten, d. i. die Statistik, unter allen Umständen am Zweckmäßigsten in die Hände des statistischen Amtes gelegt werden, sowie die damit zusammenhängenden Publicationen in dem Organ des letzteren ihren Platz finden würden. Hiervon abgesehen werden die laufenden Geschäfte kaum mehr als die regelmäßige Thätigkeit von zwei Dezernenten in Anspruch nehmen, welche sich in die Branchen der Lebens- und Sachversicherung theilen könnten. Die Heranziehung technischer Kräfte denken wir uns überhaupt nicht als eine ständige. Ihre Mitwirkung kann der Regel nach nur eine berathende und begutachtende sein. Es wäre zu dem Ende eine kleine Zahl von Fachmännern, den verschiedenen Assecuranzzweigen angehörig, etwa für eine dreijährige Amtsperiode zu berufen, welche mit den Beamten der Reichsbehörde und unter Vorsitz eines von diesen ordentlicher Weise einmal im Jahre behufs Erledigung der vorliegenden Geschäfte zusammenzutreten hätten.

8. Die Besteuerung.

Wenn die Buntschäckigkeit der partikularen Verwaltungsgesetzgebung über das Versicherungswesen noch durch irgend etwas überboten werden kann, so ist es durch die gegenwärtige fiscalische Behandlung dieses Wirthschaftszweigs. An sich wegen seiner hohen Bedeutung für die Volkswohlfahrt jeder Förderung und Erleichterung werth, ist er dennoch von Alters her und in wachsendem Maße zur Tragung von Staats- und Gemeindelasten herangezogen worden. An dem was durch den Zollverein und das Reich auf dem Gebiete der Besteuerung in Deutschland Einheitliches geschaffen worden ist, hat derselbe keinen Antheil gehabt. Vielmehr war und ist er der einzelstaatlichen Steuergesetzgebung unterworfen und hat den ganzen Reichthum ihrer Erfindungskunst kennen gelernt. Das System, nach welchem er zur Schatzung gezogen wird, wechselt nicht bloß von Land zu Land, sondern ist oft innerhalb eines und desselben Gemeinwesens ein mehrfältiges. Gebühren und Sporteln verschiedener Art, Einkommen-, Gewerbe- und Stempelsteuer haben mit ihm die Berührung gefunden. Ja es sind ihm ganz besondere und eigens für ihn zugeschnittene Contributionen auferlegt worden, die — wie schon angedeutet — zum Theil nicht einmal auf Gesetz beruhen; sondern vermittelst der in der Concessionirung liegenden discretionären Gewalt aufgedrungen werden. Alle diese Belastungen treffen wiederum vorzugsweise die Privatunternehmungen; die öffentlichen Institute im

Bereich der Feuerversicherung bleiben davon, abgesehen von den Leistungen im Interesse des Feuerlöschwesens, mit geringen Ausnahmen überall und vollständig befreit.

Die mit der polizeilichen Controle der Feuerversicherung zusammenhängenden, sowie die lediglich durch Concessionsbedingung auferlegten Gebühren und Lasten würden selbstverständlich mit Beseitigung jener Einrichtungen von selbst in Wegfall zu kommen haben. Im Uebrigen aber würde, wie wir uns von vorn herein bescheiden, angesichts der immer wachsenden öffentlichen Bedürfnisse und der allgemeinen Finanzlage die Forderung durchgreifender Erleichterung unseres Wirthschaftszweigs wohl geringe Aussicht auf Erhörung haben. Auch einer völligen Gleichgestaltung der Lasten steht in gewissem Umfange die getheilte Wirthschaft des Bundesstaats entgegen. Ebensowenig aber wird die Reichsgesetzgebung, welche das Verwaltungsrecht einheitlich zu ordnen unternimmt, an dem gegenwärtigen Zustande der Besteuerung des Versicherungswesens unbekümmert vorbeigehen können; vielmehr wird ein untrennbarer innerer Zusammenhang mit Nothwendigkeit darauf führen, wenigstens in einigen Punkten, zum Theil in milderndem, hauptsächlich in ausgleichendem Sinne, einzugreifen. Den Hoffnungen, welche in den betheiligten Kreisen hierauf seit lange gerichtet sind, kommt auch bereits das Schreiben des Reichskanzlers in dankenswerther Weise und mit dem richtigen Blick entgegen. Mit dem Zweck des eigentlichen Versicherungsgesetzes, die Geschäftsthätigkeit der Anstalten im ganzen Reich unter homogene Bedingungen zu stellen, findet es zugleich die Nothwendigkeit einer Vorsorge gegeben, daß jene Absicht nicht durch die partikulare Steuergesetzgebung ganz oder theilweise wieder vereitelt werde. Auch wir können unsere Darstellung nicht beschließen ohne dieser Seite des Gegenstandes noch einige Andeutungen zu widmen.

Dem in dem erwähnten Erlaß ausgesprochenen Gedanken, daß die reichsgesetzliche Regelung des Versicherungswesens nicht bis auf die Grundsätze für die Besteuerung der Gesellschaften und ihrer Organe in den einzelnen Bundesstaaten auszudehnen sei, pflichten wir in demjenigen Umfang, in welchem er muthmaßlich allein gemeint ist, bei, nämlich für das Gebiet der Erwerbssteuern. Solange das Reich diese nicht selbst an sich zieht, was nach der neuerlich eingeschlagenen Richtung der Steuerpolitik zur Zeit wohl außer aller Erwägung liegt, ist es selbstverständlich, daß diejenigen Assecuranzunternehmungen, welche ihrer Natur nach überhaupt das Erwerbsmoment einschließen, in der Hauptsache also die Actiengesellschaften, den allgemeinen Steuergesetzen und insbesondere dem Steuerfuße des Landes unterliegen, in dem ihr Einkommen resp. Gewerbebetrieb von der Steuer zu treffen ist. Dagegen ist das Reich denselben auch hierbei unzweifelhaft die gleiche Fürsorge schuldig, welche es bereits den reichsangehörigen Einzelpersonen hat angedeihen lassen, nämlich den Schutz gegen Doppelbesteuerung. Ja die Ausbreitung der meisten Institute jener Art über das ganze Reichsgebiet oder doch eine Mehrheit von Territorien läßt die einheitliche Bestimmung darüber, wo die Steuerpflicht für den Reinerwerb des Unternehmens begründet sein soll, als ein besonders dringendes Bedürfniß erscheinen. Es schließt dies aber nothwendig auch eine allgemeine Entscheidung der Frage ein, ob die von den Anstalten außerhalb ihres Sitzes etablirten Vertretungen in solchem Sinne als selbständige Glieder zu betrachten sind, daß auch die Besteuerung danach einer örtlichen Theilung fähig erscheinen kann. Nach unserem Dafürhalten ist gerade bei Versicherungsinstituten die Einheit des Unternehmens dergestalt in dessen innerem Organismus begründet, daß jede andre Besteuerung als am Domizil der Gesellschaft nur auf willkürliche und widerspruchsvolle Fictionen gegründet werden kann.

Unter wesentlich andren Gesichtspunkten stellt sich, entsprechend ihrem verschiedenen Charakter, die Stempelsteuer dar. Wenn auch nicht in der Mehrzahl der deutschen Staaten, so doch räumlich in dem größten Theile von Deutschland hat man mit dieser auf den schriftlichen Rechts- und Geschäftsverkehr gelegten Abgabe auch die Versicherungsurkunden belastet. Ihr Bereich umfaßt zur Zeit Preußen, Bayern (hier in der modifizirten Gestalt einer Gebühr), Sachsen, die Reichslande, einige kleinere Staaten und die Hansestädte. Dieselbe wird zwar unmittelbar von den Anstalten entrichtet, durch diese dagegen auf ihre Versicherten übertragen, sodaß letztere als die eigentlichen Contribuenten erscheinen. Die öffentlichen Feuerversicherungsanstalten sind davon — unseres Wissens mit alleiniger Ausnahme von Gotha — befreit; soweit dieselben mit dem Privatbetrieb concurriren, wirkt dieses Privilegium zur empfindlichen Benachtheiligung des letzteren als Prämie für Benutzung der öffentlichen Anstalten. Die Stempelpflicht ist theils an die Entstehung der Urkunde, theils an ihre Verwendung in dem betreffenden Steuergebiet, ja in einem Beispiel sogar an die Staatsangehörigkeit geknüpft. Im Gefolge dieser Incongruenzen kommen auch hier zahlreiche Doppelbesteuerungen vor und kann unter Umständen selbst eine dreifache Versteuerung nothwendig werden. Die Abgabe wird in einigen Ländern nach der Versicherungssumme berechnet, zumeist jedoch nach der Bruttoprämie; dieser Modus überlastet ganz unverhältnißmäßig die Versicherten derjenigen gegenseitigen Anstalten, welche hohe Anfangsbeiträge erheben und den unverbrauchten Theil später zurückzahlen. Die Höhe der Steuer und die Gränze der Befreiung für kleine Versicherungen — soweit eine solche überhaupt zugestanden wird — sind sehr verschieden. Von dieser Seite beeinflußt der Stempel geradezu die räumliche Organisation großer Anstalten; denn diese haben darauf Bedacht zu nehmen, daß die von ihren bevollmächtigten Vertretungen ausgefertigten Policen nicht am Orte der Ausstellung auch zum Nachtheil der in einem andren Bundesstaat wohnhaften Versicherten mit einem unverhältnißmäßig hohen Stempel belastet werden. Soweit zwingende Gründe des inneren Dienstes derartige Rücksichtnahmen verbieten, tritt, in einigen Beispielen auf wirklich drückende Weise, eine Besteuerung fremder Staatsangehöriger zu Gunsten des Partikularfiscus ein.

Die gegen eine Abgabe, welche eine so dringende wirthschaftliche Fürsorge vertheuert, sprechenden Gründe sind oft genug auseinandergesetzt worden. Dennoch müssen wir uns, wie die Verhältnisse liegen, der Hoffnung entschlagen, sie etwa durch ein Reichsinterdict aus der Welt geschafft zu sehen. Soll aber wenigstens an den bestehenden Zustand, der so große Ungleichheiten und Ungerechtigkeiten einschließt, die bessernde Hand gelegt werden, so wissen wir auch nur den einen Weg vorzuschlagen: den Policenstempel mindestens für diejenigen Versicherungszweige, deren Betrieb durch das Reichsgesetz geordnet wird, zur Reichssteuer zu machen. Hat das Reich bereits den Wechsel- und Spielkartenstempel an sich gezogen, und wird es, — was ungeachtet der bisherigen vergeblichen Anläufe doch wohl nur eine Frage der Zeit ist, — demnächst auch die Börsensteuer einführen, so liegt der Gedanke, auch die Versicherungspapiere diesem System anzuschließen, ungemein nahe. Die Gestaltung der großen Assecuranzzweige weist ja geradezu darauf hin. An dem Widerstreben einiger Kleinstaaten, welche aus dieser Quelle eine unverhältnißmäßig hohe Intrade ziehen, wird die Ausführung nicht scheitern können. Den in dieser Beziehung wohl zumeist betheiligten Hansestädten könnte übrigens dadurch eine billige Rücksicht geschenkt werden, daß der Stempel auf Seepolicen als Landesabgabe belassen würde, zumal die

Seeversicherung doch schwerlich unter das Reichsversicherungsgesetz gezogen werden wird. Abgesehen von dieser Sonderbranche scheint kaum eine andre Abgabe durch natürliche Proportionalität mit Zahl und Besitzstand der Bevölkerung in gleichem Maße zu einer Reichssteuer geeignet wie der Stempel auf Versicherungsurkunden. Die Erhebung von den Versicherten würde durch Vermittelung der Anstalten in der denkbar bequemsten und sichersten Weise erfolgen, und durch die Haftung der letzteren ohne eigenes Interesse an einer Hinterziehung die Gefahr einer solchen von selbst ausgeschlossen sein. Ein näheres Eingehen auf den zu wählenden Besteuerungsfuß, den muthmaßlichen Ertrag u. dergl. müssen wir uns an dieser Stelle versagen. Wir beschränken uns auf die Bemerkung, daß für die Feuerversicherung die Versicherungssumme in Verbindung mit der Vertragsdauer allein einen gleichmäßig gerechten Maßstab liefert. Auch die bei öffentlichen Instituten genommenen Versicherungen ohne Ausnahme mit heranzuziehen wird, weil die Steuer eben nicht die Anstalten sondern die Versicherten trifft, für das Reich ebenso unerläßlich wie für jene Institute unbedenklich sein.

Endlich haben wir uns noch mit der speziellen Besteuerung zu beschäftigen, welcher in manchen Einzelstaaten und Communen die Feuerversicherungsanstalten für Zwecke des Feuerlöschwesens unterworfen worden sind. Dies ist nicht mehr eine Heranziehung der Unternehmungen zu den allgemeinen Lasten der Staats- und Gemeindeangehörigen und für die allgemeinen Bedürfnisse des Gemeinwesens, sondern eine in ihrer Art ganz einzige Besteuerung ad hoc, welche man mit dem besonderen Interesse an den fraglichen Einrichtungen zu motiviren sucht. Es kommt hier zunächst darauf an, das Verhältniß der beiden Institute zu einander, welches in neuerer Zeit häufig unter viel zu einseitigen Gesichtspunkten betrachtet wird, richtig aufzufassen. Der Wohlfahrtszweck des Löschwesens ist unzweifelhaft ein sehr viel weiterer. Es soll durch rasche und energische Bekämpfung des Feuers nicht bloß das Einzelbesitzthum möglichst vor Schaden bewahren, sondern vor Allem der Ausbreitung entstehender Brände zu großen Calamitäten vorbeugen, welche ganze Einwohnerschaften momentan obdach- und erwerbslos machen und einen allgemeinen Nothstand erzeugen; es schützt ferner nicht bloß das Eigenthum, sondern auch das Leben der Gemeindeangehörigen; seine Hülfe wird dem Versicherten wie dem Unversicherten zu Theil; soweit seine Wirkung reicht, bewahrt es den Einzelnen auch vor den indirecten Verlusten durch Störung seines Geschäftsbetriebs und Nahrungsstandes. Mit diesen Aufgaben ist es in Deutschland von jeher als eine öffentliche Pflicht und Last des communalen Gemeinwesens angesehen worden und muß dies auch nothwendig bleiben. Der Zweck der Feuerversicherung ist von Haus aus nur der Ersatz des durch Feuer zerstörbaren Eigenthums, soweit es durch menschliche Vorsicht und Hülfe vor Vernichtung oder Beschädigung nicht bewahrt werden kann. Sie hat das Bestehen eines geordneten Löschwesens zur nothwendigen Voraussetzung; in einem Lande, wo ein solches ganz fehlte, würde sie gar nicht resp. nur zu unerschwinglichen Preisen functioniren können. An dem mehr oder weniger vollkommenen Stande jener Einrichtungen ist sie nun freilich unbestreitbar interessirt. Dieses Interesse findet aber auch seinen naturgemäßen Ausdruck in der Abstufung der Preise, indem sie die örtliche Beschaffenheit des Löschwesens als eines der die Gefahr bestimmenden Momente prüft und in Calculation zieht. So wenigstens ist der Privatbetrieb seit Alters verfahren, während die öffentlichen Institute auch von den hierin begründeten, wie von andren Unterschieden des Risikos vielfach ganz abstrahiren. Was die einzelne Gemeinde zur Unterhaltung und Verbesserung ihrer Feuerwehr von der Steuerkraft ihrer Angehörigen in Anspruch nimmt, kommt danach den Versicherten unter diesen im Allgemeinen und grundsätzlich an den von ihnen zu entrichtenden Prämien zu Gute.*)

In neuerer Zeit ist nun aber vielfältig, namentlich bei Communen und Feuerwehren, eine Auffassung zu Tage getreten und populär geworden, welche das eben dargelegte Verhältniß mehr oder weniger ignorirt, den Nutzen guter Löscheinrichtungen nur noch auf Seiten der Versicherngsanstalten finden und deshalb den dadurch den Gemeinden erwachsenden Aufwand in möglichst weitem Umfange

---

*) Die in einem Fachblatt einmal zum Vorschein gekommene Ansicht, daß die Vervollkommnung des Löschwesens die Interessen der Versicherungsanstalten beeinträchtige, ist zu abgeschmackt, um für etwas Anderes als die Verirrung eines einzelnen Kopfes genommen zu werden. Sie ist auch aus Assecuranzkreisen entschieden zurückgewiesen worden, was jedoch nicht hindert, daß namentlich die Sozietätspresse daraus fort und fort gegen den Privatbetrieb Kapital zu schlagen sucht. Die Verbesserung kann nie auf einen Grad gesteigert werden, der die Versicherung entbehrlich machen würde. Sie kann dagegen wohl, wie dies z. B. in Berlin nicht selten beobachtet wird, die Sorglosigkeit des Einzelnen soweit begünstigen, daß er die Versicherung seiner Habe unterläßt. Dem zu begegnen vermag allein die Assecuranz selbst durch entsprechende Herabsetzung ihrer Preise.

auf jene abgewälzt sehen will. Augenscheinlich liegt dieser Auffassung und den daraus hervorgehenden Bestrebungen eine doppelte Täuschung zu Grunde. Zuvörderst haftet der Blick nur noch auf den allernächstliegenden und unmittelbar wahrgenommenen Wirkungen. Mit den Vervollkommnungen, welche das Löschwesen namentlich in den Städten erfahren hat, gelingt es hier weit häufiger als früher, ja fast regelmäßig, das ausgebrochene Feuer auf seinen Heerd zu beschränken. Zugleich hat die Versicherung sich immer weiter ausgebreitet, und so stellt sich allerdings in zahlreichen Fällen der sozusagen sichtbare Erfolg der wirksameren Bekämpfung in einem verminderten Verlust der Versicherer dar. Der nicht minder reelle und viel schwerer wiegende Fortschritt aber, welcher eben in der Abwendung großer Verheerungen mit massenweisen außerhalb der Assecuranz liegenden Verlusten besteht, verliert sich mehr und mehr aus dem Bewußtsein. Zum Andern wiegt man sich in dem Irrthum, daß eine in erheblichem Umfang vorgenommene Uebertragung der Kosten des Feuerlöschwesens auf die Versicherungsanstalten diese und nicht im letzten Grunde deren Versicherte treffe. Bei gegenseitigen Unternehmungen ist dies schon nach ihrem Organismus ausgeschlossen; Kapitalgesellschaften aber können die Ausgleichung in Erhöhung der Prämien oder Nebenkosten suchen, und sind dazu in der That genöthigt, wenn die Belastung soweit geht, daß sie ihnen nicht wenigstens noch einen mäßigen Durchschnittsgewinn übrig lassen würde. Aber auch wenn dies augenblicklich und in directer Form verhindert werden könnte, würde sich der gleiche Effect mit der Zeit dadurch von selbst herstellen, daß die fortschreitende Ermäßigung des allgemeinen Prämienfußes aufgehalten würde. Die in Wahrheit also vorliegende Belastung derjenigen, welche als sorgliche Hausväter bereits ihre Habe mit Opfern versichern, zu Gunsten des Feuerlöschwesens schließt ferner eine mit der Gerechtigkeit nicht vereinbare Benachtheiligung gegenüber denjenigen ein, welche unversichert bleiben und deren Interesse an jenen Einrichtungen eben deshalb ein unvergleichlich größeres ist. Will man aber zur Abstellung dieses Misverhältnisses etwa die Steuer auf die Unversicherten ausdehnen, so fällt wieder jeder haltbare Grund weg, um die Kosten des Löschwesens zu einem Theile durch Vermittelung der Assecuranz, anstatt sie ganz auf dem einfacheren Wege der allgemeinen Communalbesteuerung aufzubringen.

Dafür, daß den fortschreitenden Verbesserungen des Löschwesens nun auch wirklich auf Seiten der Assecuranzunternehmungen eine entsprechende Ermäßigung der Versicherungspreise folgt, sorgt die Gegenseitigkeit, welche nur den wirklichen Bedarf einfordert oder das mehr Erhobene den Versicherten zurückzahlt, durch sich selbst, im Gebiete der speculativen Unternehmungen aber die Macht der Concurrenz*). Zuzugeben ist nur eine einzige Einschränkung. Es liegt in der Natur der Sache, daß die Ermäßigung der Prämien den Fortschritten des Löschwesens nur im Großen und Ganzen, allmälig und abschnittweise, nicht aber überall und sofort jeder einzelnen Verbesserung auf dem Fuße folgen kann; vollständig und nach einem festen Maßstabe lassen sich beide Seiten der Sache überhaupt nicht in's Gleichgewicht setzen. Zur Ausgleichung dessen haben aber auch die Anstalten von jeher besondren Einzelleistungen und Bedürfnissen durch freiwillige Beisteuern Rechnung getragen und wenden fort und fort nicht unbeträchtliche Summen für derartige Zwecke auf. Den Ansprüchen der Communen und Feuerwehren, die oft in's Ungemessene gehen, wird freilich damit nicht genügt. Größere Institute werden heutzutage mit Hunderten derartiger Gesuche bestürmt, und nicht selten glaubt eine Gemeinde schon ein Uebriges zu thun, wenn sie bei Anschaffung einer neuen Spritze, Erbauung eines Uebungsthurms u. dergl. selber den fünften oder zehnten Theil der Kosten zu übernehmen in Aussicht stellt und das Uebrige von der Assecuranz erwartet!**)

---

*) In welchem Umfange eine solche Ermäßigung in zwei Menschenaltern bereits eingetreten ist, läßt sich am schärfsten an den Resultaten der Gothaer Bank nachweisen, welche nicht einmal einen Reservefonds für außerordentliche Verluste ansammelt, sondern den durch Brandschäden und Verwaltungskosten nicht verbrauchten Theil der Prämien ihren Versicherten voll zurückgewährt. Es betrug bei ihr dieser Ueberschuß im Durchschnitt der ersten 10 Betriebsjahre von 1821 bis 1830: 37,90, im Durchschnitt der letzten 10 Jahre von 1870 bis 1879: 75,57 Prozent; derselbe hat sich also fast genau verdoppelt. Außerdem sind aber auch noch die Prämien selbst für die gleichen Zeiträume im Durchschnitt des ganzen Geschäfts von 3,79 auf 2,95 pro mille herabgegangen. Der Nettopreis der Versicherung nach Absetzung der zurückgezahlten Ueberschüsse stellt sich danach durchschnittlich im ersten Jahrzehnt auf 2,43, im letzten nur noch auf 0,75 pro mille, d. i. weniger als den dritten Theil! Diesen gewiß höchst beträchtlichen Rückgang hat die Verbesserung der Feuerwehreinrichtungen, wenn nicht ausschließlich, so doch zu einem großen Theil herbeigeführt.

**) Von den öffentlichen Anstalten wird gern auf die sehr viel größeren Opfer hingewiesen, welche sie im Vergleich zu den Privatgesellschaften brächten. Die Thatsache trifft keineswegs allgemein, sondern höchstens für einzelne Gebiete zu; zu einem erheblichen Theil sind auch die Leistungen keine freiwilligen, oder haben, wie insbesondre die Unterstützungen zur Verbesserung der Bauart, mit dem Feuerlöschwesen

Die Landesgesetzgebung hat sich zu der Sache verschieden gestellt. Eine Mehrzahl von deutschen Staaten, voran Preußen und Bayern, haben in richtiger Würdigung der Unwirthschaftlichkeit und inneren Ungerechtigkeit einer Besteuerung der besprochenen Art ganz davon abgesehen. Andre dagegen haben dieselbe seit längerer oder kürzerer Zeit, theils als Landesabgabe, deren weitere Verwendung der Regierung vorbehalten ist, eingeführt, theils ihren Gemeinden oder doch einzelnen derselben die Einführung und Erhebung gestattet. In einigen Fällen, so in Württemberg und Baden, hat man zu dem Ende nicht den Weg des Gesetzes, sondern den milderen vertragsmäßiger Vereinbarung mit den Gesellschaften beschritten. Meistens ist den Prästationen die Prämien-Einnahme der Anstalten zu Grunde gelegt. Die Belastung selber hat in früheren Fällen 1 bis 2 Prozent der Prämie nicht überstiegen und sich damit in erträglichen Gränzen gehalten. Im Königreich Sachsen, — dem größten Staat, in dem der Gegenstand gesetzlich geregelt ist, — bestand früher der Satz von 1 Prozent und bildet auch noch jetzt die Regel; das Gesetz von 1876 gestattet jedoch Gemeinden, die ihr Löschwesen über das gewöhnliche Maß hinaus ausbilden, nach verschiedenen Stufen die Erhebung höherer Beiträge. In jüngster Zeit haben nun aber einige Kleinstaaten diese Besteuerung auf eine Höhe getrieben, welche jedes billige Maß übersteigt und als schwer bedrückend bezeichnet werden muß. So wird in den Herzogthümern Coburg, Gotha und Meiningen eine Abgabe von 5 Prozent der aus den inländischen Versicherungen aufkommenden Prämien erhoben*). Um die Bedeutung einer solchen Belastung zu ermessen, muß man sich vergegenwärtigen, daß sie nicht etwa auf einen als Einkommen zu betrachtenden Gewinn, sondern auf eine Bruttoeinnahme gelegt ist, von der man nur den Gegen-

---

nichts zu thun. Das ordnende Gemeinwesen hat dann eben die Aufgabe der öffentlichen Anstalt als einer solchen über den Versicherungszweck der Gemeinschaft hinaus erstreckt. Man hat sich dabei immer zu vergegenwärtigen, daß alle diese Aufwendungen direct aus der Tasche der Versicherten bestritten werden, und recht vielen unter diesen erscheinen sie nichts weniger als verdienstlich, vielmehr als eine unbillige Vertheuerung ihrer Versicherung.

*) Sehr schwer ist die Belastung auch in Lippe, wo sie nach der Versicherungssumme normirt und deshalb mit der obigen nicht genau in Vergleich zu setzen ist. Die Anstalten unterliegen hier sogar einer zwiefachen Besteuerung, einmal für die Kosten des Feuerlöschwesens im Allgemeinen, und dann im Besondren für eine Feuerwehrunterstützungskasse, welch letztere ausschließlich aus Mitteln derselben gebildet ist.

seitigkeitsanstalten, die ihren Versicherten geleisteten Rückzahlungen abzusetzen nachgelassen hat. Der Steuersatz von 5 Prozent kommt dem ganzen Gewinn, welchen selbst besser situirte deutsche Actiengesellschaften während der letzten Jahre durchschnittlich von ihren Prämien gezogen haben, nahe; er übersteigt diesen Gewinn beträchtlich bei einer Mehrzahl jüngerer und minderkräftiger Institute. Bei diesen würde eine solche Steuer, im ganzen Reich und ohne die Möglichkeit einer Uebertragung auf die Versicherten auferlegt, ohne Weiteres zur Unterbilanz führen. Im Herzogthum Coburg aber hat man in der That die Abwälzung auf die Versicherten in jedweder Form, auch durch eine Erhöhung der Prämie, verboten, mit Geldstrafe für die Anstalten sowie eventueller Concessionsentziehung bedroht und entgegenstehende Stipulationen für nichtig erklärt! Nach dem eben Gesagten kann dies überhaupt nur in einem so kleinen Gebiete gewagt werden, ohne eine Reihe von Unternehmungen in ihrem Bestande zu erschüttern. Dem Erfolg nach liegt darin eine Besteuerung der Angehörigen andrer Bundesstaaten in großer Proportion und damit eine Ueberschreitung der territorialen Steuerhoheit.

Auch für die Verwendung der Abgabe haben sich einige Länder eine Latitüde gewahrt, welche den unmittelbaren Zusammenhang mit dem Feuerlöschwesen, dessen Förderung ihr doch allein zur Rechtfertigung dienen könnte, mehr oder weniger aufhebt. So gestatten die Gesetze der erwähnten Thüringischen Staaten die Verwendung im Interesse einer Verbesserung der Bauart, zur Anlegung von Wasserleitungen, zur Regulirung von Straßen und Plätzen nach einem stattgehabten Brande, u. dergl., — Dinge welche bereits in das Gebiet der weiteren Communalbedürfnisse und der allgemeinen Landescultur fallen. Im Großherzogthum Hessen ist die Steuer sogar schlechthin für gemeinnützige Zwecke ohne jede nähere Bestimmung auferlegt.

Aus allen dargelegten Gründen können wir diese ganze Klasse von Abgaben nur für schlechthin verwerflich erklären. Gleichwohl ist zu befürchten, daß ein Reichsgesetz, welches ihre gänzliche Beseitigung verfügen wollte, an den im Bundesrathe vertretenen einzelstaatlichen Anschauungen und Interessen Widerstand finden würde. Dagegen fällt der Gegenstand, wenn irgend einer, in eminentem Sinne unter den vom Reichskanzler erklärten Grundsatz: daß das Reichsgesetz eine Zerstörung der zu schaffenden Gleichheit der Betriebsbedingungen durch die einzelstaatliche Fiscalität auszuschließen habe.

Diese Rücksicht erheischt zum Mindesten gewisse Beschränkungen. Es wäre danach ein einheitlicher Maßstab — und zwar auch hier in der Versicherungssumme, nicht in der Prämie — und auf Grund dessen eine Maximalgränze des Besteuerungsfußes festzusetzen, die Verwendung an den bestimmt zu umschreibenden directen Zweck zu binden, und ferner doch wohl auszusprechen, daß die Abgabe dem Privatbetriebe nicht aufgebürdet werden darf, ohne den öffentlichen in gleichem Maße heranzuziehen. Die letztere Gleichstellung ist z. B. in Sachsen und Gotha gegenwärtig schon durch das Gesetz gegeben und grundsätzlich nothwendig. Die bevorrechtete Stellung der öffentlichen Institute und ihr Zusammenhang mit der öffentlichen Verwaltung legen ihnen, was auch von ihnen selbst in diesem Punkte kaum angefochten werden dürfte, keinesfalls geringere Pflichten auf. Bei Wahrung der vorstehenden Modalitäten mag es dann auch künftig den Einzelstaaten überlassen bleiben, von den Feuerversicherungsunternehmungen für ihr Gebiet eine Beisteuer im Interesse des Löschwesens zu fordern oder nicht. Daß dagegen die Anstalten nicht gehindert werden dürfen, eine solche Landessteuer, mittelbar oder unmittelbar, auf die Versicherten dieses Landes zu übertragen, ist ein unbedingtes Gebot der Gerechtigkeit, von dem Gedanken einer Gewährung gleicher Betriebsbedingungen schlechterdings nicht zu trennen und deshalb reichsgesetzlich sicher zu stellen.

Wir haben im Vorstehenden unsere Ansichten und Vorschläge über dasjenige, was im Gebiete der Feuerversicherung von dem sich vorbereitenden Reichsgesetz erwartet und durch dasselbe zum positiven Recht gestaltet werden sollte, niedergelegt. Sie werden wohl sowenig die Zustimmung aller betheiligten Kreise finden, als sie in allen Stücken bis an's Ende unserer eigenen Wünsche gehen. Aber wir hoffen damit die mittlere Linie aufgezeigt zu haben, auf der sich eine Legislatur zu bewegen hat um, wenn nicht Allen zu genügen, so doch Allen annehmbar zu erscheinen, indem sie den neben einander den gleichen Aufgaben dienenden Systemen und Prinzipien annähernd gleiche Lebensbedingungen und hinlängliche Freiheit zur Bethätigung der ihnen innewohnenden Kräfte verbürgt. Wir stehen dabei auf dem Boden der gegenwärtigen Wirthschaftsordnung. Nur auf diesem kann jenes Ziel überhaupt gesteckt und erreicht werden, wie es auch unsere Ueberzeugung ist daß jeder Versuch, die Gesetzgebung davon abzudrängen, scheitern würde.

Ebenso entschieden meinen wir, daß die neue Gesetzgebung, ausgehend von den in Deutschland geschichtlich erwachsenen Einrichtungen und Zuständen, ihre Gedanken lediglich aus der sorgfältigen Erwägung der natürlichen Bedürfnisse des Wirthschaftszweiges und der dabei betheiligten allgemeinen Interessen zu schöpfen hat. Mit gutem Grunde haben wir in unseren Ausführungen über die gesetzliche Regelung des Gegenstandes in anderen Ländern völlig hinweggesehen. Das vergleichende Rechtsstudium, im Allgemeinen ja sehr werthvoll und interessant, kann doch hier nur zu der Ueberzeugung führen, daß die fremden Gesetze, von Einzelheiten abgesehen, systematisch sammt und sonders nichts zur Reception Brauchbares enthalten. Gilt dies zunächst für unsere europäischen Nachbarstaaten *), so in noch viel höherem Maße für Amerika. Man hat in neuerer Zeit gerade dorthin von verschiedenen Seiten die Blicke gerichtet. Das Versicherungswesen ist nach der Verfassung der Vereinigten Staaten nicht Sache der Union sondern der einzelnen Staaten. Von letzteren hat eine Mehrzahl im Verlauf der letzten zwei Jahrzehnte dasselbe in einer Weise reglementirt, welche über eine staatliche Beaufsichtigung noch weit hinausgeht. Anlaß dazu gab eine allgemeine Zügellosigkeit und Immoralität der Privatspeculation, wie sie bei uns denn doch zu den unbekannten Dingen gehört. Im Uebrigen weisen jene Gesetze selbst, neben einer Härte und Willkür gegen die sich das deutsche Rechtsbewußtsein von vorn herein auflehnen würde, ein vielfältiges Schwanken in der Wahl der Mittel und keineswegs gesicherte Erfolge auf. Die Schriftsteller der öffentlichen Anstalten haben freilich auch diesen Quellen Stoff für ihre Agitation gegen den Privatbetrieb mit Vorliebe entlehnt. Aber eine leidenschaftslose Betrachtung der Dinge kann doch nur zu dem Anerkenntniß gelangen, daß Voraussetzungen und Maßregeln für uns gleich fremdartige sind. Eine gerechte und

*) Wir müssen nach unserer Stellung zur Sache in dieses Urtheil auch die neueste österreichische Verordnung vom 18. August d. J., betr. Bestimmungen über die Concessionirung und staatliche Beaufsichtigung von Versicherungsanstalten, einschließen, die uns noch während des Druckes bekannt wird.

maßvolle Gesetzgebung wird daher unmöglich dort ihre Muster suchen wollen. Wir vermögen überhaupt auf dem Gebiete der Assecuranz nur einen einzigen Punkt abzusehen, bezüglich dessen eventuell mit Nutzen auf eine fremde Gesetzgebung recurrirt werden könnte; es wäre dies die Frage, wie gewisse technische Schwierigkeiten anderwärts angefaßt und überwunden sind. Dergleichen aber kommen wenigstens bei der Feuerversicherung für die verwaltungsrechtliche Regelung gar nicht in Frage. Und abgesehen hiervon, insofern es sich also lediglich um die Ausbildung eines besonderen Gebietes der Gewerbegesetzgebung handelt, kann diese Ergänzung doch sicherlich nur im innigsten organischen Zusammenhang mit dem gesammten System unserer heimischen Gewerbeordnung erfolgen.

Was wir wünschen ist nicht eine formale Gesetzgebung. Der Grundsatz der Oeffentlichkeit, den wir in voller Strenge vertreten, wird sich als das mächtigste Mittel des Schutzes und der Läuterung bewähren. Ihn kann das Gesetz zur Wahrheit machen, während es an der unlösbaren Aufgabe selbst Garantieen für die innere Tüchtigkeit der Unternehmungen in Anlage und Leitung zu schaffen, nothwendig und immer nur seine Ohnmacht erweisen würde. Es gilt daher mit jenem Grundsatz, welchem seit lange die Stimme berufener Organe der öffentlichen Meinung wie der erfahrensten Fachmänner zur Seite steht, Ernst zu machen, im Uebrigen aber die Anforderungen an das Gesetz in den Schranken seines natürlichen Einwirkungsvermögens zu halten. Auch die Freiheiten, welche wir unter der Herrschaft der Publizität für Versicherungsunternehmungen und ihren Betrieb fordern, sind keine ausschweifenden; sie gehen in nichts über diejenigen hinaus, welche die große Mehrzahl der anderen Gewerbe nach gesetzlicher Ordnung genießt.

Die Vorbereitung des Gesetzes wird, so reiches Material auch bereits angehäuft ist, nicht eben leichte Arbeit sein. Wir rechnen darauf, daß man auch fachmännischen Beirath dabei nicht ungesucht lassen wird. Wenn irgend bei einem Gesetzeswerk, so erscheint derselbe hier unentbehrlich. Ganz eigenartige Verhältnisse erheischen vielfältige Aufklärung und Berücksichtigung, und es ist ja im Versicherungswesen fast Alles Praxis, da unsere Theoretiker der Volkswirthschaft dasselbe bis auf den heutigen Tag in kaum erklärlicher Weise vernachlässigt haben. Für das Glücklichste und Ersprießlichste würden wir es ferner halten, wenn es bei gleichzeitiger Anhörung von Sachverständigen aus allen Gruppen gelänge, unter den im

Leben bestehenden Gegnerschaften bezüglich der Gestaltung des künftigen gemeinsamen Rechts schon bei der Vorbereitung einen befriedigenden Ausgleich herbeizuführen. Politische Seiten bietet der Gegenstand an sich gar nicht, und dringend wäre zu wünschen, daß nicht ein Kampf feindlicher Interessen bis in die parlamentarische Behandlung getragen und das Schicksal des Ganzen den dort waltenden Strömungen und Zufälligkeiten überliefert würde. Vor Allem aber möge die Angelegenheit nicht wieder von der Tagesordnung verdrängt sondern ihrem endlichen Abschluß rasch entgegengeführt werden. Mehr als eine etwaige Ungunst des Augenblicks für unsere eigenen Hoffnungen fürchten wir eine abermalige Verschleppung. Das deutsche Versicherungswesen darf bereits auf einen glücklichen Aufschwung und schöne Erfolge zurückblicken, die es, in der Privatunternehmung von der Landesgesetzgebung wenig gefördert und oft empfindlich geschädigt, fast allein sich selbst verdankt; reicher noch schwebt uns seine Zukunft vor. Aber um kräftig und sicher vorwärts zu schreiten, braucht es eben, was ihm das Reich und sein Gesetz bringen sollen: festen Boden unter den Füßen!
